LUISE STRAUS **Eine Frau blickt sich an**

LUISE STRAUS

Eine Frau blickt sich an

Reportagen und Erzählungen 1933 – 1941

Herausgegeben vom Max Ernst Museum Brühl des LVR

Mit Beiträgen von
Jürgen Pech
Achim Sommer
Werner Spies
Jürgen Wilhelm

 GREVEN VERLAG KÖLN

Der Verlag dankt dem Max Ernst Museum Brühl
des LVR und dem Landschaftsverband Rheinland für die Förderung und aktive Unterstützung
dieses Buchs.

Lektorat: Aiko Wolter, Köln
Gestaltung: Thomas Neuhaus, Billerbeck
Satz: Thomas Volmert, Köln
Gesetzt aus der Minion Pro
Papier: Fly von Schleipen und Hello Hot Silk von Sappi
Druck und Bindung: Pustet, Regensburg
Alle Rechte vorbehalten.
ISBN 978-3-7743-0494-9

Detaillierte Informationen über alle unsere Bücher finden Sie unter:
www.Greven-Verlag.de

INHALT

Luise Ernst

KÖLN-SÜLZ
Emmastrasse 27
Fernspr. Eifel 48793

Quersumme.

XXXXXXXXXXXXXXXXXXXXXXXXXX.

Susanne hat ein neues Spiel erfunden, das den morgendlichen Weg zum Büro
abkürzt, sie liest die Nummern der vorüberfahrenden Autos und zählt die
Quersummen ab; das ist amüsanter als man denken sollte, denn wenn man
kein mathematisches Genie ist, --und das kann Susanne nicht von sich be-
haupten-- dann lässt sich nicht so leicht vorausberechnen, ob eine grosse
oder eine kleine Zahl herauskommt. Um die Sache aber ein wenig spannend
zu machen, hat Susanne sich ausgedacht, dass der Tag, an dem sie eine
Fünfundzwanzig finden wird, ein Glückstag sein soll. Fünfundzwanzig Jahr
ist Susanne alt, und sie erwartet allerlei vom Leben, sie weiss nur nmm
nicht was.

Man sollte meinen, dass diese Zahl sich sehr leicht einmal finden müsste,
aber, wie das eben so ist,-- alle möglichen Ergebnisse drüber und drun-
ter werden erzielt, nur gerade diese ersehnte Quersumme kommt niemals
heraus. Zeitweilig hat das Fieber dieser Zahlen- und Glückssuche Susanne
so sehr ergriffen, dass sie darüber alles vergisst und unhöflich wird.
Es kann zum Beispiel geschehen, dass eine kleine Bürokollegin, die neben
ihr hergeht, einen langen Vortrag über die Ungerechtigkeit des Bürovor-
stehers mit den Worten schliesst: "Und das ist doch unverschämt von dem
Kerl, finden Sie nicht auch?" Und dass Susannens Antwort darauf ist:
"Neunzehn", oder "Achtundzwanzig". Das klingt zwar blödsinnig, ist aber
Grunde nicht blödsinniger als das Geplapper der andern.

Aber dann gerät mit einem Mal das Spiel etwas in Vergessenheit; denn plö-
lich ist Susanne vollauf damit beschäftigt, an Herrn Bergmann zu denken
Das ist der neue Buchhalter, der so ganz anders ist als die übrigen Herren im Büro. Ihm umweht eine besondere Luft. Seine wundervolle Figur
kommt herrlich zur Geltung, wenn er am Stehpult arbeitet; und wie ver-
ächtlich gebogen sind seine schmalen Lippen, wenn er über das nüchterne
Kontor hinsieht. Er ist nicht der Erste, der versucht, sich Susanne zu

Zwei Frauen blicken sich an

Mein Sohn kommt neuerdings jede halbe Stunde von der Strasse herauf,um sich die
Hände zu waschen und die Schuhe zu putzen.Das ist bei einem Zehnjährigen,der alle
"Affige" tief verachtet,ein bedenkliches Symptom.Als ich ihn darüber befrage,kommt
erst ein verlegenes Brummen;dann fährt es ihm halb stolz,halb wegwerfend heraus:
"Ich hab nämlich ein Mädchen!"
Längst daran gewöhnt,über nichts Erstaunen zu zeigen,frage ich ganz sachlich:"So,
was ist's denn für eine?Kenne ich sie?"
Aber das ist schon zuviel."Davon verstehen grosse Leute nichts",ist die einzige
Antwort,die ich bekomme.Gut,ich kann warten.
Und richtig,schon am nächsten Tag berichtet er stolz beim Abendessen:"Du,denk mal
heute bin ich den weiten Weg vom Grossvater nach Hause zu Fuss gegangen.Darf ich
jetzt das Fahrgeld behalten?"Ja,das darf er."Au fein,jetzt hab ich wenigstens was
für mein Mädchen."
"So,und was kaufst du ihr denn?"
"Och,wenn sie mag,kriegt sie 'nen Reibekuchen aus der Bude an der Ecke.Sonst Scho-
kolade.Zwölf Jahre ist sie schon."
Am nächsten Tag beobachte ich ihn vom Balkon aus,wie er in einer Schar Kindern von im
eifrigen Gespräch steht,die Mütze ein bisschen schief gerückt und den Gürtel über
dem Pullover viel zu eng gezogen,was angeblich besonders sportlich wirkt.Als ich
nach unten komme,läuft er gleich auf mich zu,damit die andern Kinder nicht etwa
hören,was wir reden.Denn Mütter können manchmal recht blamable Aeusserungen tun.
Aber ich frage nur ganz knapp,wie der Radiergummi sein muss,den ich mitbringen soll.
Er antwortet ebenso sachlich:"So ein geteilter,weisst du,für Tinte und Blei."Dann
leiser und schnell:"Mach es also jetzt nicht so auffällig,wenn du an ihr vorbeigehst."Ich,ebenso leise und schnell:"Aber nein,welche ist es denn?""Die mit dem
roten Kleid."Dann wieder laut und sachlich:"Also einen für Tinte und Blei,nicht?
Wiedersehen."

"Sie" ist intensiv mit Seilspringen beschäftigt,eine stramme,selbstsichere,kleine
Person.Das Kleid,sehr rot und sehr kurz,lässt ein Paar braungebrannte,lange,schön-

Manuskriptseite der Erzählung
»Zwei Frauen blicken sich an«

Zwei Frauen blicken sich an

Mein Sohn kommt neuerdings jede halbe Stunde von der Straße herauf, um sich die Hände zu waschen und die Schuhe zu putzen. Das ist bei einem Zehnjährigen, der alles »Affige« tief verachtet, ein bedenkliches Symptom. Als ich ihn darüber befrage, kommt erst ein verlegenes Brummen; dann fährt es ihm halb stolz, halb wegwerfend heraus: »Ich hab nämlich einen Schatz!«

Längst daran gewöhnt, über nichts Erstaunen zu zeigen, frage ich ganz sachlich: »So, was ist's denn für eine? Kenne ich sie?« Aber das ist schon zu viel. »Davon verstehen große Leute nichts«, ist die einzige Antwort, die ich bekomme. Gut, ich kann warten.

Und richtig, schon am nächsten Tag berichtet er stolz beim Abendessen: »Denk mal. Heute bin ich den weiten Weg vom Großvater nach Hause zu Fuß gegangen. Darf ich jetzt das Tramgeld behalten?« – Ja, das darf er.

»Au fein, jetzt hab ich wenigstens etwas für meinen Schatz.« – »So, was kaufst du ihr denn?« – »Och, wenn sie mag, kriegt sie einen Kuchen aus der Bude an der Ecke. Sonst Schokolade. Zwölf Jahre alt ist sie schon.«

Am nächsten Tage beobachte ich ihn vom Balkon aus, wie er in einer Schar von Kindern im eifrigen Gespräch steht, die Mütze ein bißchen schief gerückt und den Gürtel über dem Pullover viel zu eng gezogen, was angeblich besonders sportlich wirkt. Als ich nach unten komme, läuft er gleich auf mich zu, damit die andern Kinder nicht etwa hören, was wir reden. Denn Mütter können manchmal recht blamable Äußerungen tun. Aber ich frage nur ganz knapp, wie der Radiergummi sein muß, den ich mitbringen soll.

Er antwortet ebenso sachlich: »So ein geteilter, weißt du, für Tinte und Blei.« Dann leiser und schnell: »Mach es also jetzt nicht so auffällig, wenn du an ihr vorbeigehst.« Ich ebenso leise und schnell: »Aber nein, welche ist es denn?«

»Die mit dem roten Kleid.« Dann wieder laut und sachlich: »Also einen für Tinte und Blei, nicht? – Wiedersehen.«

»Sie« ist intensiv mit Seilspringen beschäftigt, eine stramme, selbstsichere, kleine Person. Das Kleid, sehr rot und sehr kurz, läßt ein Paar braungebrannte, lange, schön gedrechselte Beine sehen. Eine kupferfarbene Lockenmähne umrahmt ein zartes Gesichtchen mit lecker Stupsnase und großen, hellblauen Augen, die jetzt mit dem sehr wachen, überlegenen Ausdruck einer fertigen kleinen Frau gerade in meine Augen hineinsehen.

»Also du«, denke ich, »bist die erste, die mir ein Stück vom Herzen meines kleinen Jungen wegnimmt. Es werden wohl noch viele nach dir kommen. Aber die erste bleibst du auf jeden Fall … Hübsch bist du ja; er hat einen guten Geschmack. Aber ob du auch gut bist? Nun, das wollen die Männer im Grunde wohl gar nicht. Und darin ist auch mein kleiner Junge schon ein Mann … Aber du darfst dich nicht über ihn lustig machen, hörst du? Wenn du wüßtest, daß dein Freund, den du als forschen Fußballspieler bewunderst, abends immer seinen Bären mit ins Bett nimmt und daß er für diesen Bären, der nur noch ein Ohr und nicht mehr viele Haare hat, Kleider und Schürzen näht! … Aber das geht dich ja auch nichts an. Das ist nur für mich allein.«

Für das Mädchen ist die Sensation dieser Sekunden offenbar bedeutend geringer. Immerhin betrachtet sie neugierig und aufmerksam die Mutter ihres Freundes, diese fremde Dame, die es nun sehr eilig hat, die Straßenbahnhaltestelle zu erreichen. Und diese fremde Dame kann im Davonschreiten nur dies eine denken: wie gut es doch ist, gerade heute einigermaßen würdig und elegant gekleidet zu sein, um als Mutter ihres Sohnes vor diesen kritischen Blicken bestehen zu können, die ihr noch lange nachfolgen, als schon wieder flinke Füße und schön gedrechselte Knie voll Eifer ein kräftig geschwungenes Seil überhüpfen.

gedrechselte Beine sehen.Eine kupferfarbene Lockenmähne umrahmt ein zartes Gesichtchen mit kecker Stupsnase und grossen ,hellblauen Augen,die jetzt mit dem sehr wachen,überlegenen Ausdruck einer fertigen,kleinen Frau gerade in meine Augen hineinsehen.

"Also du,"danke ich,"bist die erste, die mir ein Stück vom Herzen meines kleinen
Jungen wegnimmt.Es werden wohl noch viele nach dir kommen.Aber dies erste bleibst
du auf jeden Fall....Hübsch bist du ja;er hat einen guten Geschmack.Aber ob du auch
gut bist?Nun das wollen die Männer im Grunde wohl gar nicht.Und darin ist auch mein
kleiner Junge schon ein Mann....Aber du darfst dich nicht über ihn lustig machen,
hörst du?Wenn du wüsstest,dass dein Freund,den du als forschen Fussballspieler bewunderst,abends immer seinen Bären mit ins Bett nimmt und dass er für diesen Bären
der nur noch ein Ohr und nicht mehr viele Haare hat,Kleider und Schürzen näht!..
Aber das geht dich ja auch nichts an.Das ist nur für mich allein."

Für das Mädchen ist die Sensation dieser Sekunden offenbar bedeutend geringer.Im-
merhin betrachtet sie neugierig und aufmerksam die Mutter ihres Freundes,diese
  fremde Dame,die es nun sehr eilig hat,die Strassenbahnhaltestelle zu erreichen.
Und diese fremde Dame kann im Davonschreiten nur dies eine denken:wie gut es doch
ist,gerade heute einigermassen würdig und elegant gekleidet zu sein,um als Mutter
ihres Sohnes vor diesen kritischen Blicken bestehen zu können,die ihr noch lange
 nachfolgen,als schon wieder flinke Füsse und schöngedrechselte XXIXX Knie voll
Eifer ein kräftig geschwungenes Seil überhüpfen.

                    Luise Straus-Ernst

Manuskriptseite der Erzählung
»Quersumme«

Luise Straus
Paris, um 1934

Bei Tatjana Barbakoff

Ein weitgespannter, zartblauer Frühlingshimmel über den Häusern und Türmen von Paris – im leichten Dunst –, das ist der Ausblick von der Dachterrasse des Studios am Rande der großen Stadt, wo ich Tatjana Barbakoff erwarte. Und dann kommt sie durch den großen Raum auf mich zu, mitten in das flutende Licht hinein, dunkel und zierlich in ihrem langen Rock, der eng geknöpften schwarzen Bluse.

Wie gut, daß man zunächst ein paar Redensarten austauschen muß, Fragen nach gemeinsamen Freunden, – so kann ich mich erst wieder hineinsehen in die eigenartige Erscheinung dieser Frau, die kleine Gestalt mit den grazilen, doch festen Händen, das feingemeißelte Köpfchen mit dem streng zurückgelegten, lackschwarzen Haar, der elfenbeinernen Haut und den sehr roten Lippen, die man fast eher sieht als die glänzenden, klugen Augen über leis mongolisch gewölbten Wangen. Seltsame Mischung von Geistigkeit und Unbewußtheit in diesen Zügen, die nur in einer leisen Regung der Mundwinkel manchmal etwas von dem überlegenen Humor verraten, der diese Frau vor vielen Künstlerinnen auszeichnet.

Erste Frage natürlich: »Paris!« Wie wirkt diese Stadt auf die Tänzerin, die seit einem Jahre hier lebt?

»O, Paris«, sagt sie in dem leicht gezogenen Tonfall der Russin, den auch ein langer Aufenthalt in Deutschland nicht abschleifen konnte. »Ich bin gern hier, ich liebe diese Atmosphäre und den Blick von meiner Terrasse auf die Dächer und Türme. Ich kann wundervoll arbeiten hier. Aber ich gehe so selten in die Stadt, kenne vieles noch gar nicht. Wissen Sie, die Größe der Stadt, ihre Unruhe macht mir Angst. Ich wage mich allein nicht dorthin. Manchmal holt mich jemand ab, zeigt mir etwas. So sah ich die Sainte-Chapelle – das war so wichtig für mich. Sie kennen doch meinen Tanz »Gotisches Kirchenfenster«. Ich hatte immer gefühlt, daß in diesem Tanz mehr war als das, was ich in deutschen Domen gesehen hatte. Nun weiß ich, daß ich eigentlich die Fenster der Sainte-Chapelle getanzt habe – ohne sie vorher zu kennen.«

»Weil es eben bei Ihrer Kunst nicht so sehr auf das Wissen als auf das Fühlen ankommt. Ähnlich wie bei den Kostümen, die Sie sich ausdenken. Sie sind nicht immer ›echt‹ im historischen Sinne, aber trotzdem echt in einem tieferen Zusammenhang. Wenn Sie etwa Händel in einem zeitlosen blauen Gewand mit Silberspitzen tanzen oder Mozart in einem spitzig-zärtlichen Spätbiedermeier oder eine russische Bäuerin in bunter Seide, dann geben Sie wirklich den tänzerischen Ausdruck für eine innere Wahrheit, die auf keine andere Weise gesagt werden könnte.«

»Ja, die Kostüme«, sagt sinnend die Barbakoff. »Wissen Sie, daß ich eigentlich durch die Kostüme zum Tanzen gekommen bin? Meine Mutter kam aus China ins Baltikum, wo ich geboren bin. Sie brachte aus ihrer Heimat wundervolle Stoffe mit, starre Goldbrokate, schwere, weiche Seiden, die sich an den Körper schmiegen, wenn man sich hineinhüllt. Ich spielte damit als Kind, versuchte, Bewegungen zu machen, die zu diesen Stoffen paßten, träumte mich ganz hinein, wußte nicht, daß das Tanz war, was ich übte, etwas, das man lernen konnte. – Später hab ich's dann gelernt, die ganze Technik gründlich studiert. Man muß das können, gewiß. Aber wichtiger war mir immer das, was man daraus erst gestaltet, das, was ich als Kind träumte, was mir einfiel – einen Menschen zu tanzen, der irre ist oder sehr unglücklich oder an eine Idee verloren – eine Frau im Glück des Sommers auf einer Wiese oder im tiefen Sinnen über Vergangenes – auch etwas vom Geist des Ostens zu gestalten, dieses Landes, das ich durch das Blut meiner Mutter fühle, ohne es zu kennen – den Jammer des chinesischen Kulis im Block oder den Fanatismus des jungen mongolischen Fahnenträgers. – Aber ich liebe manchmal auch sehr die Groteske; schwatzhafte Frauen oder Kokette – die Menschen sind oft so komisch, aber sie ahnen es nicht, auch dann

14

nicht, wenn ich es vor ihnen tanze. Sie lachen nur und glauben immer, die andern seien gemeint.«

Tatjana Barbakoff sieht ganz ernst aus, als sie das sagt, beinahe fanatisch.

»Und was sind Ihre Absichten, wenn Ihr Pariser Tanzabend vorüber sein wird?«

»Ich bereite mich auf London vor. Ich freue mich darauf. Ich freue mich immer auf neues Publikum. Aber ich erinnere mich auch gern an meine früheren Freunde. – Sie schreiben für ein Blatt in Zürich, nicht wahr? Ich habe Zürich sehr gern, die Stadt und die Menschen, bin oft dort gewesen und hatte schöne Tanzabende. Sagen Sie doch in Zürich, wie gern ich an die Stadt denke und daß ich hoffe, bald wieder dort zu tanzen.«

Ich verabschiede mich, gehe langsam die sieben Treppen hinab, denn Pariser Aufzüge dürfen abwärts nicht benützt werden. Und blicke noch einmal von der Straße aus zu der Dachterrasse empor. Da steht Tatjana Barbakoff, an das Gitter gelehnt und blickt über die weite Stadt. Steil zeichnet sich ihre kleine, dunkle Gestalt von dem hellen Pariser Himmel ab, zugleich ernst und heiter und ganz in sich geschlossen.

Die Studentin Luise Straus,
um 1912

Einsamer Tänzer

Eigentlich tanzt man ja nur am 14. Juli auf den Straßen von Paris, und eigentlich beginnen an den Wochentagen, selbst in der Festzeit des Sommers, die Orgeln der Märkte und Kirmessen ihr klapperndes Konzert erst gegen Abend. Aber ein richtiger Pariser bindet sich nicht zu sehr an die Zeit und läßt seine gute Laune sich austoben, wann es ihm gerade einfällt. Darum hat der Karussellbesitzer, der seinen Laden auf dem großen Platz von St. Paul aufgeschlagen hat, schon gegen zwei Uhr seinen Betrieb eröffnet und läßt den fröhlichen Lärm unbekümmert über den Platz tönen, der am Rande des Judenviertels und mitten im stärksten Verkehr von der Rue Rivoli zum Faubourg St. Antoine liegt.

Was tut es, daß nur ein paar Kinder das riesige Rund bevölkern, das von den eiligen Tonfolgen flink im Kreise gedreht wird! Musik macht immer vergnügt. Das ist schon etwas. Vorübergehende lächeln, bleiben ein bißchen stehen oder gehen vielleicht weiter, als hörten sie nichts, ohne zu wissen, daß es diese heiteren Rhythmen sind, die ihren Schritten Leichtigkeit und Schwung geben.

Aus der Kneipe tritt ein Mann, nicht mehr jung, Mitte der fünfzig vielleicht, mit hängendem, schon ergrautem Schnurrbart im zerknitterten Gesicht. Er sieht zufrieden aus, hat gewiß gut gefrühstückt und scheint einverstanden mit sich und der Welt. Bleibt stehen, lauscht, wiegt sich ein wenig und beginnt plötzlich zu tanzen. Allein – und doch nicht allein, denn der leichte Mantel, den er auf dem Arm trug, wird jetzt, wie eine Dame, leicht an die Schulter gelehnt, von den Händen des Tänzers elegant geführt. Von den wiegenden Rhythmen eines Walzers herumgeschwungen, tanzt der Mann, hingegeben und weltvergessen, bald höflich über seine Dame – den Mantel – hingebeugt, bald wieder sie an sich pressend und mit zurückgelegtem Kopf den Zauber der Töne intensiver genießend.

Mitten auf der Fahrbahn, wo ihn der Einfall überkam, tanzt er so, unbekümmert um seine Umgebung, unbekümmert um die Vorübergehenden, die lächelnd und verständnisvoll einen Augenblick innehalten, unbekümmert auch um die Autos, die zahlreich wie stets um diese Zeit den Platz kreuzen und nun in vorsichtigen kleinen Bogen den einsamen Tänzer umfahren.

Ein Schutzmann dreht dem Ereignis den Rücken. Warum sollte er denn eingreifen, da der Verkehr nicht stockt, da niemand sich benachteiligt fühlt? Er wie alle weiß doch, daß es Zeiten gibt, wo man besonders fröhlich ist, ganz ohne Grund vielleicht, und wo man diese Fröhlichkeit nach außen schleudern muß, und sei es nur im Tanz mit einem Mantel auf einem belebten Platz dieser heiteren Stadt Paris.

Le Corbusier – Besuch bei dem großen Architekten

Das muß doch ein Irrtum sein! Hier, in dieser lärmendsten Gegend des linken Seine-Ufers soll der Architekt Le Corbusier zu finden sein, der in seinen kühnen Erneuerungsplänen für die Stadt Paris das lärmlose, vom Geschäftsleben abgetrennte Wohnen als wichtigste Forderung des Städtebaus aufstellt? Hier klingelt und kreischt es von Wagen, Autobussen und Trams; hier öffnet sich mit tausend Mäulern das riesige Warenhaus »Bon Marché« und speit unablässig Menschen, bunte Waren, Lichtgarben und Schreie aus, nicht zu vergessen die Gerüche, die sich sogleich mit den muffigen Schwaden aus dem Schacht der Metro vermischen. Und an dem Hause, dessen Eingang die angebliche Hausnummer des großen Architekten zeigt, hat sich im Torweg eine dicke Frau eingenistet, die mit einem endlos plärrenden Sermon Lockenwickler vorführt; die struppige Perücke einer vor Anstrengung schon ganz blaß gewordenen Wachsdame dient zugleich als Modell und als Kanzel für die eintönigen Predigten, die die Alte im Kapotthütchen vom Stapel läßt.

Ich husche an ihr vorüber, froh, der Lockenwicklerin entgangen zu sein und überzeugt davon, daß man in diesem weitläufigen Gebäude mit den hallenden, leeren Gängen keine Ahnung von der Existenz eines Le Corbusier haben wird. Aber das war erst recht ein Irrtum. Ohne das geringste Zeichen von Verwunderung weist man mich in ein Treppenhaus und ins erste Stockwerk.

Wieder endlose, hallende Gänge. Richtig, das ist doch hier das verlassene Jesuitenkloster, dessen regelmäßige, gelblich verputzte Front so fremd im unruhigen Getriebe der lärmenden Straße stand. Und sicher wird das sachliche Märchenschloß aus Glas und Eisen, in das man sich Le Corbusier träumen möchte, in irgend einem rückwärtigen Hof errichtet sein. Wieder gefehlt! Der Hof, den ich nun in einer Art von verglastem Kreuzgang durchschreite, ist ein kümmerliches Stückchen Erde mit sonderbaren, künstlichen Felsgrotten und ein paar abgeschabten Gebüschen, zwischen denen schmutzige, kleine Kinder herumkriechen.

Und dann stehe ich vor der Tür, die den Namen des großen Architekten trägt. Kein Märchenschloß aus Glas und Eisen, nicht einmal eines aus Stein. Einfach ein unübersehbar großer Raum, der durch rohe Holzwände abgeteilt ist. Vorne eine Art von Empfangsraum, breite Tische, asketische Stühlchen und an den Wänden wohlbekannte Photos kühner Bauten und noch kühnerer Projekte. Aus einem der Holzverschläge schaukelt ein riesiger strohblonder Knabe in überlebensgroßen Knickerbockers auf mich zu, fragt nach meinem Begehr und bittet mich, zu warten. Man werde mir die gewünschten Photos heraussuchen.

Und dann erscheint ein Mann, dem ich den Zweck meines Besuches und das Thema des Artikels, den ich schreiben möchte, klarmachen kann. Er begreift, was ich will, zeigt mir Photos und Zeichnungen, und ich sehe nebenher die schöne, lebendige Hand an, die auf die Einzelheiten hinweist, betrachte verstohlen den gutgeschnittenen Kopf mit scharfen, hellen Zügen und hellem glatten Haar.

»Darin wenigstens ist er konsequent«, geht es mir durch den Kopf, »dieser Le Corbusier; in seinem Büro sitzen Leute, die lebendige Züge haben, die wissen, worauf es ankommt, und die sich übrigens gut anziehen, unbetont, selbstverständlich, wie dieser hier mit seinem grauen Flanellanzug und der hellblauen Wollkrawatte.«

»Und diese Zeitschrift hier«, fährt der Herr in seinen Erklärungen fort, »können Sie als Material benutzen. Ich habe den Text selbst verfasst.«

»Selbst?«, fährt es mir heraus, »ja, sind Sie denn etwa …«

Es gibt Künstler, mit deren Ideen oder Werken man sich so sehr vertraut gemacht hat, daß sie ganz darin beschlossen scheinen und daß man gar nicht mehr daran denkt, es könnte nur außerhalb dieses Werkes noch ein Mensch existieren, der beispielsweise einen grauen Flanellanzug und eine hellblaue Wollkrawatte trägt.

Dieser Herr ist natürlich weniger erstaunt als ich; denn ihm ist es ja nichts Neues, daß er Le Corbusier ist. »Ja«, sagt er ruhig, »ich bin Le Corbusier.«

Aber in meiner Situation und meinem Beruf hat man nicht das Recht zum ohnmächtigen Staunen oder Entzücktsein, sondern die Pflicht, ein sozusagen »fliegendes Interview« zu improvisieren. Da sich nun aber unser ganzes Gespräch um das Problem des »village radieux«, um den »Städtebau auf dem Lande« dreht, so frage ich den Architekten über sein Leben bei den Bauern im Departement Sarthe, wo er einige Wintermonate zugebracht hat, um die Lebensbedingungen und Gemeinschaftsfragen gründlich zu studieren.

Le Corbusiers Augen werden ganz fern und durchsichtig. »Ich habe Monate lang mit diesen Menschen gelebt, und ich habe sehr viel gelernt bei ihnen. Konservativ? Natürlich, mit den alten Bauern ist es schwer, über unsere modernen Ideen zu sprechen. Doch das ist ja auch nicht von ihnen zu verlangen. Ebenso wenig wie von alten Leuten in der Stadt. – Die jungen Bauern aber, die haben ihre eigenen Gedanken; sie haben, beispielsweise während ihres Militärdienstes oder bei gelegentlichen Reisen in die Stadt, genug Gelegenheit gefunden, zu vergleichen, und sie suchen nun die Möglichkeit, ihre eigene Lebensform besser und weniger umständlich zu gestalten, auch auf dem Lande. – Nein, es kam gar nicht in Frage, ihnen irgend welche Ideen aufzudrängen, die sie nicht selbst schon gehabt hätten. Nur für die Verwirklichung dieser Ideen brauchten sie meine Hilfe. Und Sie hätten sehen sollen, mit welcher sachlichen Klarheit, mit welcher Konsequenz, mit wie viel gesundem Verständnis für die Beziehung zwischen Zweck und Form jede Einzelheit meines Bebauungsplanes erörtert worden ist, bis das Ganze in seiner heutigen Einheit dastand. – Im Grunde habe ich mehr gelernt in diesen Wintermonaten, als die Bauern von mir lernen konnten. Allein schon dieses: Unsere Sprache in der Stadt ist doch so vage geworden, unbestimmt, nicht wahr?« Und seine schöne lebendige Hand beschreibt eine weiche Wellenlinie. »Die Bauern aber, da hat jedes Wort seinen Sinn, jedes sitzt. So – so – so – !« Und die Hand schneidet ein paar Mal knapp und scharf durch die Luft.

Das Telephon klingelt; der Meister wird verlangt; das fliegende Interview ist zu Ende. Man bringt meine Photos, wegen denen ich eigentlich herkam.

Wenn ich nun beim »Bon Marché« vorüberkomme, dann erscheint alles ganz anders, der Straßenlärm, die bunten Stoffe auf den Tischen im Freien, die Lichtbündel aus dem Warenhaus, die Gerüche und das tonlose Geplärre der Frau mit den Lockenwicklern. Denn mitten in diesem Gewühl, hinter den gelblichen Mauern jenes verlassenen Klosters, sitzt ja einer, in dessen Phantasie all dieses beengte Durcheinander schon nicht mehr existiert: der Schweizer Architekt Le Corbusier, der an der gesunden und frohen Stadt der Zukunft baut.

Der König der Automaten

Roger hatte einen der seltsamsten Berufe, die es in dieser seltsamen Welt gibt. Roger war Automat. Die langsam-ruckhaften Bewegungen, durch die gewisse Schaufensterpuppen sich dem Menschlichen zu nähern suchen, übersetzte er aus der eigenen Menschlichkeit geschickt ins Puppenhafte zurück und machte ein gutes Geschäft damit. Denn in der Stadt Paris, in der das ganze Jahr über die Märkte und Volksfeste nicht abreißen, lohnt es sich schon, eine Attraktion, beispielsweise ein Automat, zu sein.

So stand er bald in Neuilly, bald an der Porte de Vincennes, bald auf dem Boulevard Clichy, bald bei der Place d'Italie. Roger, weithin sichtbar, in der kleinen Bude, in der mit dem Verkauf von Süßigkeiten auf geheimnisvolle Weise die Verlosung blauer Glasvasen und anderer Scheußlichkeiten verbunden war. Stand da, in Frack und weißen Handschuhen, den Frackmantel elegant über die Schultern zurückgeworfen und den Zylinder keck ein wenig aufs Ohr gerückt, und führte viele Stunden lang fast pausenlos das starre Leben einer Puppe, wandte langsam und stoßweise den Kopf hin und her, hob und senkte rhythmisch die Unterarme mit jenem leisen Zittern, das das in ihm arbeitende Uhrwerk verraten sollte, kippte hin und wieder von den Zehenspitzen auf die Hacken und wieder zurück, wie von der eigenen Beweglichkeit umgeworfen, und lächelte. Lächelte das leere, strahlende Lächeln der Schaufensterpuppen, ohne auch nur ein einziges Mal mit den Augen zu zwinkern. Ein geschickt gelegter Rand von kalkweißer Schminke, der in dem zart pfirsichfarbenen Gesicht Lider und Wimpern überzog, verstärkte noch das Glasige dieser unbeweglichen Augen, die den Stolz des Budenbesitzers bildeten.

Ein Plakat, das hinter Roger aufgehängt war, besagte, daß er einmal bei einem Wettbewerb fünf Stunden lang in seiner Automatenstellung verharrt hatte; und versprach überdies tausend Franken demjenigen, der Roger, den König der Automaten, zum Lachen bringen könne, wobei alle Mittel erlaubt sein sollten. Roger hütete sich wohl, zu lächeln, denn er wußte sehr genau, daß ihn das nicht nur tausend Franken, sondern auch seine Entlassung kosten würde. Und wer hätte wohl einem so unzulänglichen Automaten noch Arbeit gegeben? Kam wirklich einmal die Versuchung eines Nervenzuckens über ihn oder fuchtelte der Budenbesitzer gar zu dicht mit seinem Papierwedel vor seiner Nase, um dem Publikum das Automatenhafte deutlicher zu machen, dann hatte Roger für alle Fälle ein etwas hölzernes Grinsen bereit, das mit einer einzigen Bewegung seine Zähne zeigte, die zwischen den zierlichen Bogen rotgelackter Lippen doppelt klein und weiß aussahen.

Was machte es aus, daß die weiße Weste nach und nach grau vom Staub wurde? Schließlich waren auch Schaufensterpuppen meistens ein bißchen angeschmutzt. Peinlicher war schon das Weichwerden des steifen Kragens. Aber mit vorschreitender Tageszeit wurde eben das seidene Halstuch, das vorher nur leicht drapiert gewesen war, etwas dichter geschlungen und bot mit seinen nachlässig flatternden Zipfeln erst recht dem Publikum staunender Kleinbürger eine Anregung, sich in die Nonchalance und großzügige Sorglosigkeit einer eleganten Welt hineinzuträumen, die es in Wirklichkeit nirgendwo gab, außer in der Phantasie eben jener Kleinbürger und in der trügerischen Erscheinung des Automaten Roger.

Denn auch Roger blieb, wenn er abends, nach dem Löschen der Lichter, nach Hause ging, nicht der elegant lächelnde Herr im Frack; er wurde ein einfach und sogar ein wenig nachlässig gekleideter junger Mann, der irgendwo an einer Bar sein Bock trank und beinahe einen mürrischen Eindruck machte. Das Lächeln, das den ganzen Nachmittag und Abend wie eine glatte Maske sein geschminktes Gesicht überzog, machte müde. Es machte sogar traurig. Und meistens verzichtete Roger auf alle Vergnügungsmöglichkeiten, die die große Stadt auch um diese Stunde noch bot, und schlich heim in das kleine Hotel in Lavillette, wo er seit langer Zeit ein einfaches Zimmer bewohnte.

Er gehörte zu den stillen, anspruchslosen Mietern, die bei den Wirten so beliebt sind, die pünktlich zahlen und ihr Zimmer ordentlich halten. Wenn er vor dem Schlafengehen an der Bar noch ein Gläschen nahm oder morgens wenn er, an den Zinktisch gelehnt, sein Butterbrötchen zum Milchkaffee kaute, plauderte die gutmütige Patronne mit ihm, über das Wetter, über Neuigkeiten im Quartier und den Erfolg des Festes, das eben im Gange war. Und irgend eines war ja immer im Gange.

Roger hörte höflich auf das Geplauder, warf hin und wieder eine nichtssagende Bemerkung dazwischen und blieb um so lieber an der Bar stehen, als ihm so die Gelegenheit gegeben war, Nicole zu betrachten. Nicole, die Tochter der Patronne, war erst seit kurzem in der Stadt, hatte auf dem Lande bei Verwandten die Schule besucht; aber nun war sie erwachsen genug, um der Mutter ein wenig zur Hand zu gehen, und das machte sie auch schon so flink und geschickt, daß es eine Freude anzusehen war. Sie war immer fröhlich, leider oft ein wenig schnippisch, wie eben junge Mädchen sind.

Mit ihrem lockigen schwarzen Haar, den lustigen dunklen Augen und den zierlichen Bewegungen gefiel sie Roger sehr. Aber er hatte sich durch seinen Beruf so sehr daran gewöhnt, die Menschen nicht anzusehen, gewissermaßen durch sie hindurchzuschauen, daß er diesem jungen Ding gegenüber fast schüchtern wurde. Eines Tages faßte er sich aber doch ein Herz und fragte sie, ob man nicht einmal einen Spaziergang zusammen machen könne. In die Buttes-Chaumont zum Beispiel, dem nahen Park. Aber Nicole lachte nur. Nein, in den Park ginge sie nicht, das sei ihr zu langweilig. Zur Fête du Trône möchte sie wohl gerne. »Aber Sie wissen doch, Fräulein Nicole, daß ich selbst dort beschäftigt bin und Sie also nicht begleiten kann. Die Buttes-Chaumont sind wirklich so hübsch, jetzt im Frühling.« Aber Nicole zuckte lachend die runden Schultern. »Schade.«

Am Abend, als er heimkehrte, sah er sie, weit über den Zinktisch gebeugt, mit einem Burschen plaudern, der schon öfter dagewesen war, ein kräftiger, etwas derber Junge, der in den benachbarten Schlachthöfen arbeitete. Roger war traurig, versuchte ein Gespräch, wurde aber übersehen. Wie gern hätte er die Kleine zum Fest geführt, wäre er neben ihr durch die bunten und lärmenden Reihen der Buden geschlendert, hätte ihr hier Nougat, dort Lebku-chen, und da Eis gekauft, hätte mit ihr die wilden Menschenfresser bewun-dert, die Frau ohne Kopf und die Frau mit zwei Köpfen. Geld verdiente er ja genug. Und wie entzückt würde Nicole sein. Aber wenn man eben selbst eine Attraktion war und den ganzen Nachmittag und Abend zur Stelle sein mußte – – !

Unlustiger als sonst begab sich Roger am folgenden Tag zur Arbeit. Das Gesicht pfirsichfarben geschminkt, die glasig-starren Augen weiß umrandet, das eine noch durch's Monokel fixiert, stand er da wie immer und zauberte in Frack und weißen Handschuhen, mit keck aufs Ohr gerücktem Zylinder und sorglos flatterndem Schalzipfel der staunenden Menge ein große Welt vor, die es nicht gab. Plötzlich bei einem ruckweisen Seitwärtswenden des Kopfes bemerkte er Nicole; sie sah ihm lachend gerade ins Gesicht, sicher, daß die automatenhafte Starrheit seines Blickes ihm nicht erlauben werde, sie zu bemerken. Und neben ihr stand der derbe Bursche vom Schlachthof, der manchmal kam, hatte seinen Arm ganz selbstverständlich um ihre runde Schulter gelegt und lachte mit ihr zusammen über den drolligen Au-tomaten.

Da Rogers rhythmische Armbewegungen durch ein leises Zittern das Ar-beiten des Uhrwerks in seinem Innern andeuten sollten, fiel es nicht einmal dem Budenbesitzer auf, daß dieses Mal seine Hände wirklich in ihren feinen weißen Handschuhen zitterten. Und niemand bemerkte auch, daß die eine Hand ein wenig stärker als sonst nach aufwärts zuckte, bis zum Auge hin. Und dies, obwohl doch Tränen als Kündigungsgrund im Vertrag gar nicht vorgesehen waren.

Vergebliche Reise nach Colmar

Der Sommerabend stand warm und leuchtend über der Rheinebene, als der junge Albrecht, von Süden kommend, sich Colmar näherte. Schon lange hatte er in der durchsichtig blauen Luft die Silhouetten der Türme erblickt. Nun zeigten ein paar große, behäbige Höfe mit vielen Nebengebäuden die unmittelbare Nähe der Stadt an.

Noch blieb das Flüßchen Lauch zu überqueren. Aber ehe der junge Mann das Stadttor jenseits durchschritt, blieb er mitten auf der hölzernen Brücke überrascht stehen. Da zeichneten sich im Hintergrunde die Türme und Giebel ab, vor allem der zierlich durchbrochene Helm der Kirche St. Martin, und im Vordergrunde standen, sorglich beschützt von der dicken Stadtmauer, viele rebenbewachsene Häuschen in bunten Gärten. Die vorgeschobenen, holzüberdachten Waschbretter, die tagsüber von einer fröhlich schwatzenden Weiberschar belebt gewesen sein mochten, lagen nun verlassen. In den Gärtchen blühten riesige, gelbstrahlende Sonnenblumen, reiften die violettbraunen Dolden der Holunderbeeren zwischen üppigem Grün, und die Lauch eilte schwarz und schweigsam mitten hindurch.

Dem jungen Albrecht war fast feierlich zumute, als er nun durch das Stadttor ging und die schmalen, gewundenen Straßen des Städtchens hinanstieg. Dies war ja nicht irgend eine zufällig erreichte Etappe auf zielloser Fahrt. Sinn und Sehnsucht dieser ganzen Reise, die der Zwanzigjährige in mühsamer Fußwanderung von Nürnberg aus unternommen hatte, lag in diesen Mauern beschlossen.

Nur wenige Menschen begegneten um diese Stunde dem Jüngling. Er sah sie genau an. Vielleicht war dieser Mann in langer Schaube, dem das kühne Samtbrett die Augen beschattete, der Meister Martin Schongauer? Oder war es jener mit dem ehrwürdigen Silberbart und den feinen Händen?

Nun, heute abend war es ohnehin zu spät, den Meister noch aufzusuchen. Ein so wichtiger Besuch verlangte nach innerer Sammlung. – So sah sich der Wanderer nur nach einer Herberge um, fand auch bald eine, die seinem Geldbeutel entsprach, in der Nähe der Dominikanerkirche.

In der Frühe des Morgens weckte den Jüngling ein heller Sonnenstrahl, der durch den Ausschnitt des hölzernen Fensterladens gerade auf sein Gesicht fiel. Fröhlich sprang er auf, nahm aus dem Reisesack ein sauberes, feingefälteltes Hemd, das in dem tiefen Ausschnitt des braunen Wamses doppelt weiß leuchtete. An einem so bedeutsamen Tage lohnte es schon, das beste Gewand anzulegen. Und ebenso verstand es sich von selbst, daß man diesen Tag mit einem Kirchgang einleitete. So kniete Albrecht bald in dem von dumpfsüßen Weihrauchdüften durchschwebten Kirchenschiff von St. Martin. Weit vorn schimmerten die brennenden Altarkerzen, die vergoldeten Schnitzaltäre und bunten Heiligenbilder, und die Sonnenstrahlen, die durch die vielfarbigen Fenster fielen, zeichneten ein lustig buntes Muster auf die Bodenfliesen.

Albrecht betete nicht. Und doch war er andächtiger als das alte Weiblein neben ihm, das, mit flinken Augen umherblickend, seinen Rosenkranz herunterplapperte. Wie lange hatte er diesen Tag herbeigesehnt! Jetzt war er da! Und wenn er das Glück hatte, von dem großen Meister Martin als Geselle aufgenommen zu werden, dann würde er endlich hinter alle die Geheimnisse kommen, die er in der Heimat und bei seinem Meister Wohlgemuth vergeblich gesucht hatte. Die zierlichen und doch bestimmten Linien der in Kupfer gestochenen Blättlein des Meisters Martin hatten es ihm angetan. Hier gab es Künste zu lernen, die sonst keiner noch besaß. Hier würden die wilden, ungebärdigen Züge seiner eigenen Zeichnungen sich beruhigen, hier manche krausen Gedanken sich ordnen lassen.

Für den Besuch bei Meister Martin war es noch zu früh; um diese Stunde hätte man ihn wohl bei der Morgensuppe gestört. Aber es konnte doch den schuldigen Respekt nicht verletzen, wenn man nur einmal an seinem Hause vorüberging. So schritt Albrecht durch das enge Gäßchen bei St. Martin und fand schnell das Haus zum Schwanen, dessen Lage er gestern bereits erfragt hatte. Ein schmaler Bau, wie viele hier, mit einem Erker im Obergeschoß und einem Türmchen am Giebel. In den von Spitzbogen umschlossenen Fenstern blühten Nelken. Aber die Fenster waren geschlossen. Wie seltsam an einem so hellen und frohen Morgen! –

Albrecht schlenderte weiter, ließ sich ziellos verlocken von einer gewundenen Gasse, einem baumbestandenen kleinen Platz, einem Türmchen, das über niedrigere Dächer ragte, sah an den Fachwerkhäusern empor mit ihren vortragenden Geschossen, dem nachgedunkelten Holz und den bunten Malereien auf den weißen Putzflächen. Einmal blieb er bewundernd stehen vor einem ganz neuen, erstaunlich großen Gebäude, dem »Kaufhaus«, wie er auf seine Frage erfuhr. Er betrachtete die weit geschwungenen Tore, die lange Reihe der eckigen Fenster, die nicht mehr von Bogen und Maßwerk verdunkelt wurden. Über einem Tor schwebten zwei goldene Engel, die ein Schild trugen: »Anno 1490, dar wart dis hus gemacht.« – Nun, natürlich, im vorigen Jahre erst hatte man diesen prachtvollen Bau beendet. Wie weit und groß würde die Welt sein, wenn erst mehr solcher Häuser stünden!

Dann wieder umfing ihn Lärm und Buntheit eines Fruchtmarktes, auf dem Bürgersfrauen mit breiten Elsässerbäuerinnen in einem schier unverständlichen Kauderwelsch lustig feilschten. Auf einem andern Platz saßen auf mitgebrachten Bänkchen andere Bäuerinnen, die Körbe mit Gänsen, Enten, Hühnern im Schoß und neben sich hielten. Sie kümmerten sich gar nicht um die abschätzend hin- und hergehenden Käuferinnen, sondern schwatzten nur unter sich, und ihr Geplapper mischte sich drollig mit dem Quaken, Schnattern und Gackern ihrer lebendigen Ware.

Wieder ein Stückchen weiter kam er an das Flüßchen, auf dem zu dieser Stunde Landleute und Winzer der Umgebung ihre Erzeugnisse auf Kähnen heranbrachten. Er lehnte über die Brüstung und sah entzückt das bunte Bild der herangleitenden Schiffe mit ihrer vielfachen Ladung von grünem Kohl und Karotten, von rotbackigen Äpfeln, goldgelben Mirabellen und den ersten bläulich bereiften Trauben; junge, bloßarmige Burschen mit der Ruderstange und dralle Mädchen mit bunten Kopftüchern um das blonde Haar riefen sich im Begegnen derbe Scherze zu. Lachen und Sonne lag über dem Wasser, zusammen mit dem Duftgemisch von Lauch und Äpfeln.

Als vom Turm die siebente Stunde schlug, fuhr Albrecht zusammen; fast hätte er über dem Schauen sein wichtiges Vorhaben versäumt. Eilig ging er stadteinwärts und stand bald wieder vor dem schmalen Haus zum Schwanen, dessen Fenster noch ebenso fest verschlossen waren wie vorhin. Beklommen klopfte er an die Tür. Es dauerte eine Weile, bis sie sich öffnete. Eine Frau mit einem strengen Gesicht unter enger, weißer Haube fragte knapp nach dem Begehr. Ein wenig stammelnd bat der junge Mann, ihn zum Meister Martin Schongauer zu führen, dem er Grüße des Nürnbergers Michael Wohlgemuth auszurichten habe. – Die Frau schien von dem wohlvorbereiteten, langen Satz nichts zu begreifen. Ihrem fragenden Blick begegnete noch schüchterner der junge Albrecht mit ein paar hingeworfenen Brocken: »Ja, Meister Martin? Ist er nicht daheim?«

Nun verstand die Frau, aber ihr Gesicht wurde nicht einladender. »Meister Martin«, sagte sie mit eintöniger Stimme, »der ist tot, seit zwei Monaten.« – »Tot?« – »Ja«, sagte die Frau kurz und schloß die Tür.

Wie betäubt stand Albrecht Dürer in der Gasse. Schien die Sonne noch? Meister Martin lebte nicht mehr. Die Reise war umsonst geschehen. Meister Martin war gestorben und hatte alle Geheimnisse mit sich genommen. – Sinnlos taumelte er durch die Gassen. Man sah spöttisch hinter ihm her. – So früh am Tag betrunken? Ein so junger Bursch? – Er bemerkte es nicht.

Noch vor Mittag war sein Bündel geschnürt, und noch am gleichen Tag zog er seine Straße, südwärts. Es war kein frohes Wandern. Wolken waren aufgezogen. Ein unfreundlicher Wind wehte. Bleigrau dehnte sich linker Hand die Rheinebene und von rechts drohten die düsteren Höhen des Wasgenwaldes. Ein Enttäuschter schritt durch die Landschaft, die heut zum erstenmal von dünnem Herbstgeruch durchweht war. – Ein Wegweiser zeigte nach Basel. – Aber den ferneren Weg in seine Kunst – den mußte Albrecht nun allein finden.

Verhindertes Begräbnis

Bob war tot ... Das hatte bei dem asthmatischen, überfütterten Wesen im Grunde niemand wundern können. Aber Madame war trotzdem untröstlich; und Mariette, ihr Hausmädchen, schluchzte mit ihr. »Und was fangen wir nur mit der Leiche an?«, stammelte Madame unter Tränen. »Wir müssen ihm ein schönes Begräbnis machen!« »Aber wir haben doch keinen Garten hier mitten in Paris.«

Da hatte Mariette eine Idee: es gab doch einen Hundefriedhof, irgendwo draußen vor den Toren der Stadt. Das hatte Madame auch schon gehört, aber davon wollte sie nichts wissen. Wie weit müßte man da immer hinausfahren, um das kleine Grab zu besuchen. Und dann hatte sich doch Bob schon bei Lebzeiten nie mit seinesgleichen vertragen. Konnte man ihm das Unrecht antun, ihn nun, da er wehrlos war, in der Nähe so vieler anderer Hunde zur letzten Ruhe zu betten?

»Ich hab's«, rief Mariette plötzlich aus, »wir machen ihm ein Grab im Bois de Boulogne neben der Felsengrotte am kleinen See, wo er immer mit Madame oder mit mir spazieren ging. Da haben wir ihn in unserer Nähe, und er wird sich auch nicht so fremd fühlen.«

Madame war von diesem Plan entzückt, und Mariette erbot sich, ihn auszuführen. Triumphierend holte sie einen großen Karton vom Schrank, schlug ihn mit Bobs Bettkissen aus, bestreute das braune Fell des toten Lieblings mit Blumen und verschloß den improvisierten Sarg. Das große Silbermonogramm eines Pelzhauses, das auf dem lila marmorierten Papier eingeprägt war, wirkte durchaus würdig und begräbnishaft.

Wenn Mariette ihr schwarzes Kostüm trug und das kleine schwarze Schleierhütchen auf den schöngewellten Locken, sah sie ganz wie eine Dame aus. Und auch jetzt hätte man trotz dem allzugroßen Paket nicht geglaubt, daß diese zierliche Person, die dem Bois zuschritt, für gewöhnlich mit Spitzenschürze und Spitzenhäubchen bei Tisch servierte und die Zimmer aufräumte. – Ganz warm schien noch die Spätherbstsonne auf die Wege des gelichteten Parks, und es spazierte sich schön im raschelnden Laub. Aber Mariette mußte zu ihrem Bedauern feststellen, daß sehr viele Pariser außer ihr diese gute Idee gehabt hatten. Der Bois war so belebt, daß sie nicht wußte, wie sie unbeobachtet das Grab im Gebüsch bereiten sollte.

Später, bei Anbruch der Dämmerung wird es sicher stiller werden, dachte die Kleine und beschloß, auf einer Bank das Ende des Nachmittags zu erwarten. Sie saß nicht lange da, als ein junger Mann sich mit höflichem Gruß an ihrer Seite niederließ. Er hatte eine Zigarette angezündet und las die Abendzeitung, aber sie fühlte, daß er trotzdem gern ein Gespräch eingeleitet hätte. Sie schielte ein bißchen hinüber, er sah nicht übel aus, und warum sollte man sich schließlich nicht die Zeit mit einer kleinen Unterhaltung vertreiben, die zu nichts verpflichtet?

Nach einigen Bemerkungen über das schöne anhaltende Herbstwetter war man bald in eine ausführliche Betrachtung der Seebäder der Normandie vertieft. Mariette kannte sich in dieser Gegend gut aus, da es ihre Heimat war. Sie gab sich jedoch als waschechte Pariserin, die dort in den ersten Hotels die Sommermonate zu verbringen pflegte. Der Fremde warf einen fragenden Blick auf den violetten Karton: »Da haben Sie wohl einen kostbaren Pelzmantel, Madame?« Einen Augenblick war Mariette verdutzt, aber schließlich wollte sie doch den wahren Inhalt nicht verraten. »Allerdings«, flötete sie, »ich brauche ihn noch heute für die Oper, da habe ich ihn lieber gleich selbst mitgenommen.«

Nach einer Weile machte der junge Mann den Vorschlag, zusammen eine Tasse Tee zu trinken. Mariette hatte keine Bedenken, und bald saß man auf der Glasveranda eines Tea-Rooms.

Mitten in einem Gespräch über die beliebtesten Filmstars meldete sich plötzlich bei Mariette das Gewissen. Madame erwartete sie doch längst. Sie mußte ihr wenigstens durchs Telephon das lange Ausbleiben erklären. Sie entschuldigte sich für ein paar Minuten von ihrem neuen Bekannten und verschwand eine Treppe tiefer in der Telephonkabine. Madame sah ein, daß man nicht vor Einbruch der Dunkelheit ans Werk gehen könnte. Vom Auftreten des jungen Mannes erfuhr sie nichts, aber das spielte ja auch keine Rolle.

Vor dem Spiegel machte Mariette sich erst noch einmal schön, legte frischen Puder auf und zog die Augenwimpern nach. Dann hüpfte sie vergnügt die Treppe hinauf … Der Tisch war leer … Sie starrte fassungslos auf den leeren Stuhl. Der »Kavalier« war verschwunden … und mit ihm der Karton.

Noch stand der Tee in ihrer Tasse, aber sie zögerte, sich wieder zu setzen. Da trat der Kellner heran. Er schien Mitleid mit dem enttäuschten Mädchen zu haben. »Machen Sie sich nichts daraus, Mademoiselle, so sind die Männer eben. Aber den Tee hat er wenigstens bezahlt.«

Luise Straus im
Jardin du Luxembourg
Paris 1937

»Die elegante Dame trägt …«

Die Schreibmaschine klapperte. Und Claudia schrieb:

»Die Abendkleider dieses Winters sind prächtiger als seit langem. Schwere Brokate in satten Farben, Lamés und broschierte Seiden bilden das Material. Die Toiletten sind reich drapiert, gerafft, geschlitzt. Und fast immer sind sie von einem kostbaren Umhang aus Seide und Pelz begleitet.«

Claudia seufzte. Das schrieb sich hübsch; man sah es förmlich vor sich. Fast konnte man darüber die Kälte vergessen, der die Zentralheizung hier im siebenten Stock trotz aller Anstrengung nicht Herr werden konnte. Das Papier auf dem Tisch bewegte sich leise knisternd. Das war der eisige Wind, der durch die Ritzen der schrägen Dachluke in den Raum blies. Nasse Schneeflocken klatschten auf die Scheibe.

Nebenan ging eine Tür. Der Japaner, der dort wohnte, war nach Hause gekommen. Nun würde gleich das Grammophon einsetzen. Das machte er immer so.

Da, richtig, die weichen, bildhaften Akkorde von Puccinis »Bohème« waren deutlich zu hören. Diese Musik ließ Claudia träumen; gegen die matt beleuchtete Decke blickend, sah sie sich wieder als kleines Mädchen an Großmamas Seite in der Oper sitzen. – Es hatte wenig Sinn, an diese Zeit zurückzudenken, an das große Haus im Park, an die Teestunden im blauen Salon, vor allem an die Theaterabende mit der Großmama, die, schmal und ganz Haltung, zweimal in der Woche auf ihrem Parkettplatz in der Oper zu sitzen pflegte, im schwarzen Kleid, aus dessen weißer Spitzenschleife ein süßer und haftender Duft von »White Rose« aufstieg. – Nein, es hatte keinen Sinn, an solche Dinge zu denken. Aber manchmal war man wehrlos. Zum Beispiel, wenn der Japaner nebenan die Bohèmeplatte ertönen ließ, wie eben jetzt. Wenn das kleine Mädchen Claudia neben der Großmama in der Oper sitzen durfte, lebte sie ganz in der gespielten Handlung. Die Großmama, auf ein weise begrenztes Leben im Rahmen der Konvention eingestellt und allen Extremen streng abgeneigt, sah nicht gern, wie die Enkelin sich in phantastischen Träumen erging. In der Pause pflegte sie kleine Bemerkungen zu machen, um allzu starke Illusionen zu zerstören. »In der Wirklichkeit ist das ganz anders«, hatte sie zum Beispiel in der »Bohème« gesagt. »Alles scheint auf der Bühne so schön und romantisch. Doch in der Tat geht es den Leuten in ihrer Dachkammer recht elend, sie frieren, und glaube nur nicht, daß sie ein Badezimmer haben.« – Doch das half wenig. Als im letzten Akt dann die Dachkammer wieder kam, war Claudia doch von neuem hingerissen von der schummerigen Stimmung, von den Schneeflocken, die am schrägen Fenster vorbeischwebten, und von den Worten inniger Verbundenheit, die diese Menschen einander zusangen. Und sie fand die Existenz solcher hungernder Künstler trotz allem bewegter und liebenswürdiger als die kühle Atmosphäre des in jeder Hinsicht geordneten Hauses im Park.

Nun, das Haus im Park gehörte längst anderen Leuten; Mama hatte den Kummer über diesen Verlust nicht lange überlebt, und Großmama war nun auch schon tot. Zog nicht ein leiser Duft durch das Zimmer? Trug nicht die Musik von nebenan Großmamas Parfüm durch die Mauern hindurch auf Claudias Tisch mit der Lampe? Und wieder schwebten weiche Schneeflocken auf eine schräge Fensterscheibe. Die Musik schwieg und Claudia tippte weiter:

»Die Wintermäntel werden aus dicken, haarigen Stoffen gearbeitet und sind ziemlich lang. Sie sind reich mit Pelz garniert, und dieses Material ist erfreulicherweise heute in so vielen Preisen gestuft, daß keine Dame es mehr nötig hat, sich mit den häßlichen Plüschimitationen zu begnügen. Die elegante Dame trägt vor allem …«

Es klopfte, rasch und fordernd. Und ohne Claudias Antwort abzuwarten, stand Erik schon in der Türe, ohne Hut wie immer, mit feuchtem Haar, das

Gesicht gerötet von der Kälte, strahlend. »Na, immer noch bei der Arbeit, Kindchen? Du mußt unbedingt mit mir kommen. Es ist lustig unten auf dem Boulevard. Alle Weihnachtsbuden sind aufgestellt. Ein Licht und ein Lärm! Und es riecht so herrlich nach Pfannkuchen!« – »Aber wie kann ich denn ausgehen, Erik, mit meinem dünnen Sommermäntelchen, in dem Schnee?«

»Sieh dir das doch erst an!« rief Erik und warf mutwillig ein in Zeitung gewickeltes Paket aufs Bett. Claudia sah fragend zu ihm hin, dann schlug sie die Zeitung vorsichtig zurück.

»Weißt du«, sprudelte Erik verlegen. »So sehr elegant ist er ja nicht. Dazu hat es natürlich nicht gelangt. Aber wo du doch überhaupt keinen richtigen Mantel hast und immer so frierst – und da war so eine Weihnachtsbude mit Kleidern und Mänteln, und da dachte ich – er ist nämlich sehr billig.«

Das konnte man sehen. Claudia starrte ein wenig fassungslos auf den harten, bräunlichen Stoff, den oben ein plüschener Pelzkragen abschloß. Aber sie nahm sich zusammen. »Ich danke dir, Erik, das ist so lieb von dir. Und du bist doch selbst knapp mit dem Geld. Ich freu mich sehr.« Behutsam nahm sie das scheußliche Gebilde um die Schultern. Der Mantel wärmte, das war gewiß. Und war nicht ein häßlicher Mantel besser als gar keiner? Und wurde er nicht überhaupt schön, weil er mit so viel Liebe und Freude am Geben gekauft war? – »Er steht mir gut, nicht?« – »Dir steht alles gut«, sagte Erik nachdenklich. Vielleicht empfand er selbst in all seiner Jungen-haftigkeit einen Augenblick den grotesken Gegensatz zwischen der damen-haft feingliedrigen Claudia und diesem groben Mantel. Aber der Zweifel verflog rasch wieder. »Und jetzt kommst du auch mit mir, ja? Du mußt doch zusehen, wie fein ich die tanzende Kugel vom Wasserstrahl abschieße.« – »Ja, ich komme in zehn Minuten, Erik. Laß mich nur meinen Artikel fertig schreiben.«

Erik setzte sich gehorsam hin. Aus dem Nebenzimmer schmetterte jetzt strahlend »Rigoletto«. Und Claudia überlas das Geschriebene, um ernsthaft weiterzutippen: »… häßlichen Plüschimitationen zu begnügen. Die elegante Dame trägt …«

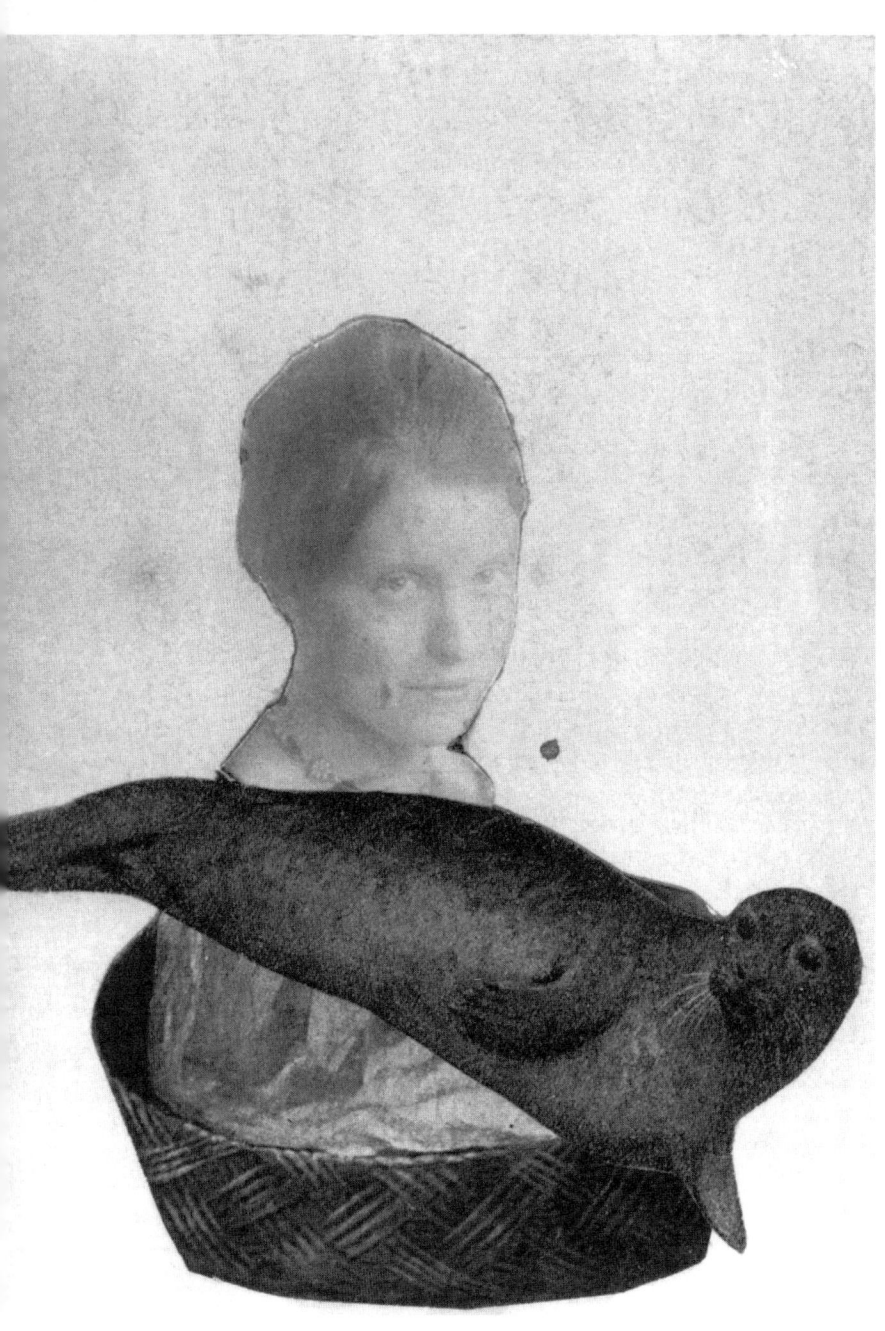

Max Ernst: armada v. duldgedalzen
la rosa bonheur des dadas
Collage, 1920

Das rückständige Krokodil

Fedor Baldung leitete ein Varietétheater in einer großen Stadt. Man sollte annehmen, daß in diesem Gewerbe am allerwenigsten Raum für Illusionen bliebe. Denn hier wird mehr als irgendwo mit feststehenden Tatsachen gerechnet. Da ist auf der einen Seite ein bürgerliches Publikum, das für sein Geld auf möglichst vielfältige Weise unterhalten, entzückt und erschreckt werden möchte; auf der anderen Seite stehen die Artisten, aus denen für möglichst wenig Geld das Äußerste an Sensation herausgeholt werden muß.

Ein einfaches Rechenexempel, sollte man denken; aber Fedor Baldung brachte es fertig, in diese klare Gleichung noch eine schwankende Unbekannte einzuführen. Er hatte künstlerische Ambitionen. Ihm genügte es nicht, eine gewagte Revue, einen halsbrecherischen Trapezakt, eine sinnenberauschende Tänzerin, einen furchterregenden Eisenfresser zu verpflichten. Das Programm schien ihm unvollkommen ohne die »künstlerische Note«, wie er das zu nennen pflegte. Der Sketch eines Avantgarde-Dichters, ein Ballett nach der Idee eines Surrealisten, eine atonale Begleitmusik dienten nach seiner Ansicht zur Hebung des Niveaus. Tatsächlich brauchte Fedor Baldung solche Mittel, um sein Gewissen zu beruhigen. Denn – zu seiner Entschuldigung muß es gesagt werden – er war eigentlich Kunsthistoriker und nur durch allerlei Winkelzüge des Schicksals beim Theater gelandet, das er übrigens nicht ohne Geschicklichkeit lenkte.

Man muß sagen, daß das Publikum im allgemeinen Fedors guten Willen zum Außerordentlichen nicht besonders anerkannte. Es sah nachsichtig über extravagant scheinende Äußerlichkeiten des Programms weg, wenn die

Nummern nur gut waren. Fedor mußte schon ziemlich geschickt sein, um unbehelligt von bürgerlichen Widersprüchen seinen künstlerischen Lüsten frönen zu können.

Eines Tages kam es aber doch zu einer Katastrophe. Sie ging allerdings nicht vom Publikum aus, wie Fedor Baldung mit leisem Gruseln schon manchmal erwartet hatte, sondern von ganz unvermuteter Seite, und das kam so:

In diesem Monat hatte Fedor Baldung mit dem besten Willen seine Nummer nach seinem Herzen in das Programm einbauen können. Es war ein ausgezeichnetes Programm mit allem, was dazu gehört: ein treffsicherer Musikclown, eine pantomimische Tanzgruppe, eine nervenaufpeitschende Motorradnummer, arabische Springer, chinesische Jongleure und gleich zwei Dressurakte. Aber wo blieb die unerläßliche Verbeugung vor der hohen Kunst? Fedor Baldung kam schließlich auf die Idee, für eine der Nummern eine ganz neue Bühnendekoration malen zu lassen, die endlich einmal mit den ewigen Landschaften und Stilornamenten Schluß machen, die den Leuten im Parkett zeigen sollte, in welcher Zeit wir leben.

Die meisten Artisten brachten zu ihren Nummern eigene Dekorationen mit. Aber da war Miß Fatimah mit ihrem dressierten Krokodil. Sie hatte Samtvorhänge als Hintergrund verlangt, am liebsten leuchtend blau, damit sich davor sowohl das grüne Krokodil wie auch das Pantherfell, das sie zu tragen pflegte, vorteilhaft abheben könne. Samtvorhänge waren natürlich da, sogar blaue. Aber nichtsdestoweniger erteilte Fedor Baldung freudestrahlend dem Maler Marimo Caliari den Auftrag, eine Bühnendekoration für den Krokodil-Dressurakt zu malen. Ein Durchschnittsmaler hätte sich dieses Auftrages wahrscheinlich mit einer schönen Nil- oder Urwaldlandschaft entledigt. Aber Marimo Caliari war anders als die andern und arbeitete abstrakt.

So kam es, daß Miß Fatimah, am Nachmittag des Monatsersten angekommen, beinahe in Ohnmacht fiel, als man ihr die neue Dekoration zeigte. Um sie günstig zu stimmen, hatte Fedor Baldung ihr schon vorher Wunderdinge von glühenden Farbakkorden und straffen Rhythmen erzählt. Aber sie erblickte nur ein ihr unverständliches Gewirr von Linien und Flecken, dazwischen verstreut Maschinenteile und zerstückelte Menschen, die der findige Maler aus Plakaten ausgeschnitten und in sein Gemälde hineingeklebt hatte. Irgendwo im roten Felde schwang ein riesiges Zahnrad; ein bestrumpftes Damenbein tänzelte aus einer Spitzenrüsche in ein gelbes Quadrat hinein und aus einem himmelblauen Kreis starrte unentwegt ein langbewimpertes Elefantenauge.

Miß Fatimah wogte eine Weile sprachlos mit dem Busen und erklärte dann, hier könne sie nicht arbeiten. Dieses Durcheinander mache sie nervös. Fedor Baldung suchte zu begütigen. Aber Miß Fatimah zeterte weiter: »Und außerdem ist in der Dekoration zu viel Gelb! Wie soll sich von dieser Unruhe mein gelb-schwarzes Pantherfell abheben? Und dann, die arme Bibi!«

Bibi war das Krokodil. Fedor Baldung suchte die Erregte zu überzeugen, daß das Krokodil den Unterschied mit seiner sonstigen Umgebung kaum wahrnehmen würde. Aber Miß Fatimah erklärte, Bibi sei furchtbar sensibel. Sie werde die moderne Malerei nicht ertragen. – Da kam Fedor Baldung ein glänzender Gedanke. »Gott, gewiß, gnädige Frau«, sagte er mit seiner bezauberndsten Liebenswürdigkeit; »ich begreife Bibis Widerstand. Man sagt ja, daß Krokodile bis hundert Jahre alt werden. Sie ist eben aus einer früheren Generation und versteht von moderner Kunst nichts. Aber Sie, ein Kind unserer Zeit, Sie müßten doch ein Organ für die neue Sprache der Formen und Farben haben. Ich bin überrascht! …«

In der Tat war es noch gar nicht heraus, wer nun wirklich älter wäre, das Krokodil oder Miß Fatimah. Aber sie spitzte erfreut die Ohren, sah die verpönte Malerei nochmals kritisch an und murmelte: »Tja, eigentlich haben Sie recht. Schließlich hat meine Großmutter schon vor Samtvorhängen gearbeitet. Man sollte nicht zu konservativ sein. Und mir persönlich gefallen diese Dekorationen gar nicht übel.«

So trat also am Eröffnungsabend Miß Fatimah mit Bibi vor dem abstrakten Hintergrund auf. Es muß leider gesagt werden, daß das Publikum wieder einmal nicht bemerkte, welch außerordentliches Kunsterlebnis ihm da so nebenbei geboten wurde. Die Nummer war viel zu interessant, als daß zu einer Bewunderung oder Ablehnung des Bühnenbildes überhaupt Zeit geblieben wäre. Bibi wurde unter Miß Fatimahs aufmunternden Rufen zur Sensation des Abends. Das Krokodil nahm gehorsam seinen Platz auf einem niedrigen Bänkchen ein, bewegte zum Takt einer orientalisierenden Musik langsam und schwerfällig den Kopf, duldete es, daß Miß Fatimah in ihrem Pantherfell sich rittlings auf seinem schuppigen Rücken niederließ, geruhte sogar, durch einen vorgehaltenen Reifen zu kriechen und öffnete schließlich – unter atemlosem Schweigen der Musik – sein riesiges, zahnbewehrtes Maul, in das sich der fette, weiße Arm der Miß Fatimah wie in einen molligen Muff hineinschmiegte.

Beifall rauschte am Schluß der Szene. Miß Fatimah war befriedigt und Fedor Baldung strahlte, weil er einmal wieder das Publikum gleichsam hinterlistig mit den reinsten Äußerungen heutiger Kunst in Berührung gebracht hatte.

Aber war das Krokodil nun am ersten Abend vielleicht von der Reise ermüdet gewesen? Oder hatte am nächsten Tag irgend etwas seinen Gleichmut gestört? Kurz, der zweite Abend verlief weniger glücklich. Bibi war nervös; sie kroch eine ganze Weile auf der Bühne herum, ehe sie ihren Platz einnahm; sie bewegte den Kopf nicht zum Takt der Musik, sondern schüttelte ihn unwillig, und als Miß Fatimah ihr mit freundlichem Zureden den Reifen vorhielt, da dachte Bibi gar nicht daran, durch die enge Öffnung zu kriechen. Sie verharrte zuerst stumpfsinnig, dann, auf ein ermunterndes Wort der Meisterin, hob sie den Blick, aber nicht zum Reifen hin, sondern zur Wand, schien mißbilligend die Linien- und Farbenverwirrung dort zu bemerken, schüttelte zweimal den spitzen Kopf, wandte sich ganz plötzlich zum Publikum, als ob das um seine Meinung befragt werden sollte, machte einen Satz nach vorwärts und saß plötzlich auf dem Flügel im Orchesterraum.

Ein Krokodil ist immerhin ein wildes Tier mit vielen spitzen Zähnen. Das Publikum im Parkett stob schreiend auseinander. Die Herren des Orchesters, dessen atemloses Schweigen eigentlich erst später einzusetzen hatte, flüchteten eilig durch den Bühneneingang, und der Kapellmeister, der nicht an den so seltsam besetzten Flügel vorbeizulaufen wagte, sprang von seinem erhöhten Sitz in den Zuschauerraum und rief entrüstet in die Direktionsloge: »Das stcht nicht in meinem Kontrakt!«

Natürlich war die Direktionsloge bereits leer. Fedor Baldung war hinter die Bühne geeilt und beschwor die laut heulende Miß Fatimah, um Himmels willen Bibi wieder auf die Bühne zu lotsen. Mit Hilfe von ein paar handfesten Bühnenarbeitern in blauen Overalls gelang das auch; und die letzte Nummer, die arabischen Springer, konnte dann mit vielen Wirbeln und hellen Schreien vor sich gehen, wenn auch vor etwas gelichtetem Hause.

Am nächsten Abend trat Miß Fatimah mit Bibi wieder auf. Aber dieses Mal vor einem blauen Samtvorhang.

Luise Straus und ihr
Sohn Jimmy an der Seine
Paris, um 1935

Fahrt in eine fremde Welt

Der Zug näherte sich der Stadt Paris. Seit einer Stunde beobachtete Frau Veronika Pointner mit wachsender Beängstigung die immer dichter werdenden Lichtergruppen an der Strecke. Bis dahin war ihr die Furcht vor der großen Stadt kaum zum Bewußtsein gekommen, da nur der Gedanke an den Maxl und seinen plötzlichen Tod sie beherrscht hatte. Nun aber, da die große Stadt mit allen ihren Wirklichkeiten, mit hohen Steinhäusern, Unterführungen, schweren Autobussen und vorüberflitzenden kleinen Bahnsteigen voll heimkehrender Arbeiter sich anmeldete, hatte sie zum ersten Mal ein unheimliches Gefühl in der Magengegend. Trug nicht der emsig ratternde Zug sie in eine unrettbar fremde Welt, in eine Welt, in der es nicht einmal mehr den Maxl gab, der sie hell und wohnlich hätte machen können? Wie würde sie sich zurechtfinden, ehe sie überhaupt Maxls Wohnung und seinen Chef ausgekundschaftet hatte?

Das dunkel spiegelnde Fenster gab ihr Bild wieder, das Bild einer verhärmten, verkümmerten, kleinen Frau, der der Trauerhut mit dem großen Schleier ein wenig schief gerutscht war. Diesen Trauerhut hatte sie in aller Eile noch im Hutladen des oberösterreichischen Städtchens gekauft, weil es sich doch nun einmal so gehörte. Zur Beerdigung des Sohnes fuhr man im Trauerschleier. Das war klar. Es war vielleicht von allem das einzige, was ganz klar war.

Das Rollen der Räder wurde bedächtiger, immer mehr Lichter tauchten draußen auf, große Reklameschilder, eiserne Brücken. Frau Veronikas hagere Finger umkrampften in der Tasche des schwarzen Mäntelchens den Zettel, auf dem Maxls Adresse stand. Man hatte ihr daheim geraten, diesen Zettel einfach einem Taxichauffeur zu zeigen, der sie schon hinbringen würde. Denn wenn sie auch Maxls Chef telegraphiert hatte – wie hätte der wohl zum Bahnhof gehen können, auch noch am Abend, wo in den Wirtschaften der größte Betrieb ist! – Daß die Royal Bar eine Wirtschaft war mit Bier und Schnaps an hölzernen Tischen, mit lärmenden, heiteren Gästen nach Feierabend und am Sonntag, das stand für Frau Veronika außer allem Zweifel. Wo sonst hätte ihr Maxl wohl Kellner sein sollen? – Der Begriff einer Bar und gar einer Nachtbar existierte natürlich für die kleine Frau nicht, die nie aus ihrem Städtchen hinausgekommen war. Maxl hatte niemals ausführlich über seine Arbeit geschrieben: hatte brav und regelmäßig ein wenig Geld geschickt, hin und wieder einen flüchtigen Gruß, wohl auch mit einer nicht ganz ernst gemeinten Einladung, und damit mußte eine Mutter wohl zufrieden sein.

Der Zug hielt. Als letzte stand Frau Veronika auf dem großen Bahnstieg, sehr unsicher, mit ihrem Köfferchen in der Hand, den Hut mit dem großen Trauerschleier immer noch ein wenig schief auf dem glatten Scheitel, und zeigte ihren Fahrschein an der Sperre. Da stand ein eleganter Herr, der sie scharf ansah, dann ein Bildchen in seiner Hand mit ihr zu vergleichen schien. Frau Veronika erschrak. Was wollte er? Hatte sie am Ende etwas falsch gemacht? Oder …? Der feine Herr kam auf sie zu, lüftete den Filzhut, verneigte sich leicht und fragte in einer fast heimischen Aussprache, ob sie Frau Pointner sei. Sie bejahte ängstlich. Darauf nahm ihr der Herr das Köfferchen aus der Hand, zeigte ihr, gleichsam als Ausweis, ihr eigenes kleines Photo, das gleiche, das sie dem Maxl letzte Weihnachten geschickt hatte, und erklärte: »Ich bin nämlich Stefan Huber, ein Kollege vom Maxl. Und weil Sie doch sicher nicht französisch sprechen, hat der Chef mich geschickt, sie abzuholen.«

Frau Veronika konnte nichts antworten, ging willenlos und benommen neben dem feinen Herrn her, der sie in ein Taxi steigen ließ. Sie sah nichts von den Lichtern der großen Stadt, war viel zu erschöpft von der Reise, auch zu erstaunt, daß ein so vornehmer Herr Maxls Kollege sein sollte, und fragte schließlich schüchtern: »Aber der Herr ist doch nicht Kellner, oder …?« Herr Stefan lächelte herablassend. »Das gerade nicht, aber Mixer, ebenso wie's der

Maxl war, der arme Junge.« Und dann, auf ihre fragende Miene hin: »Mixer, wissen Sie, der Cocktails mischt, an der Bar.« Er gab dann weitere Erklärungen auf, weil er einsah, daß dem Frauchen einfach alle Begriffe dieses Lebens fehlen mußten. In der Absicht, das Gespräch in Gang zu halten, bemerkte Frau Veronika, schon etwas mutiger: »Aber der Herr hat gut deutsch gelernt.« Herr Stefan lachte. »Gelernt? Liebe Frau, ich bin in Wien geboren, gar nicht so weit von Ihnen. Und der Maxl und ich waren gute Kameraden. Haben wir oft eine Freude gehabt miteinander!« Etwas bestürzt hielt er inne. Immerhin war diese kleine Frau zu Maxls Beerdigung gekommen.

Der Wagen hielt vor einem großen Haus in einer engen Straße. Stefan bezahlte den Chauffeur und führte Frau Veronika zu einem Aufzug, den sie etwas mißtrauisch betrat und erleichtert verließ. In dem einfachen Zimmer angekommen, das er für sie gemietet hatte, sah sie sich verlegen um. Hier war es so viel feiner als zu Hause. »Sind wir hier bei dem Herrn Royal?« Stefan lachte herzlich. »Aber nein, nein, nein, beim Tosati kann man doch nicht wohnen. Das hier ist ein Hotel. Sorgen Sie sich nicht um die Kosten, der Chef zahlt schon alles. Und wie ist's nun? Möchten Sie etwas essen oder trinken?« – Doch Frau Veronika wehrte ab. O nein, sie hatte noch Wurstbrote und Eier im Köfferchen. Das war genug. Nur den Herrn Chef von Maxl hätte sie gerne gesprochen. »Das machen wir alles morgen«, erklärte Stefan, der eben vor dem Spiegel stand, seinen hellen Scheitel ordnete und die Kravatte zurechtrückte. »Abends hat er keine Zeit. Und viel zu besprechen gibt's ja auch nicht«, fügte er eilig hinzu. Denn der plötzliche Tod des Mixers, der mitten in der Arbeit hinter dem Bartisch umgesunken war, hatte in der von der Polizei ohnehin etwas mißtrauisch beobachteten Bar schon genug Unruhe angerichtet. – Stefan versprach, Frau Veronika am nächsten Morgen rechtzeitig abzuholen. Sie bedankte sich für alle Freundlichkeit bei dem Herrn, den sie in ihrer Heimat überhaupt nicht anzureden gewagt hätte, und wollte ihm die schöngepflegte Hand küssen, die er ihr aber hastig, beinahe verlegen entzog.

Dann blieb sie allein und kroch aus lauter Angst vor dem viel zu schönen Zimmer eilig ins Bett. Zum Schlafen war sie zu übermüdet. Sie lag ganz steif zwischen den feuchtkühlen Leintüchern und hörte den Lärm der Straße dumpf heraufbrausen. Für Frau Veronika Pointner war Paris vorläufig nicht mehr als ein großes Spiegelglas, in dem in regelmäßigen Abständen die bläuliche Lichtreklame eines gegenüberliegenden Hauses aufflimmerte und verschwand. Im unablässigen Hinstarren wurden ihre Augen allmählich müde, und sie schlief ein.

Paris wurde auch nicht deutlicher, als sie am nächsten Morgen an der Seite Stefans durch die Straßen ging. Erstaunt war sie über die vielen Autos. »Wir haben ja auch welche zu Haus«, suchte sie in einer Art hilfloser Selbstbehauptung zu betonen, »sogar zwei Taxis stehen immer am Bahnhof. Aber so viele wie es hier gibt, das ist ja wohl nicht möglich.« Ein paar Mal suchte Stefan sie auf Sehenswürdigkeiten hinzuweisen. Das sei also die Oper, erklärte er vor einem üppigen Gebäude an einem riesigen Platz. Sie blickte hin und nickte pflichtschuldig mit dem Kopf. Aber sie konnte sich unter einer Oper nichts vorstellen und fand den Schutzmann, der, auf einem kleinen Turm stehend, den Verkehr regelte, viel interessanter. – Ein Schaufenster fesselte ihre Aufmerksamkeit. Es war mit weißem Samt ausgelegt, auf dem sich ein buntgestreiftes Seidenband schlängelte. Irgendwo lag verloren eine Halskette aus bunten Glasblumen. Stefan suchte ihr zu erklären, daß in diesem Haus die berühmte Pariser Mode gemacht würde. Aber Frau Veronika begriff nicht, warum diese Mode nicht in möglichst vielen Beispielen von Kleidern und Hüten auf lächelnden Wachspuppen vorgeführt werde, wie es daheim der Kaufmann am Markt machte.

Der Besuch bei Maxls Chef war eine Enttäuschung. Er empfing die Mutter seines Mixers in einem Seitenraum seines Lokals, ohne sich in dem delikaten Frühstück stören zu lassen, das er sich nach dem späten Aufstehen servieren ließ. Er war Italiener und sprach nur ein paar Brocken fast unverständliches Deutsch. Frau Veronika hatte sich vorgestellt, daß man eine lange, klagende Unterhaltung über den armen Maxl führen würde, daß sie etwas über seine Krankheit, vielleicht auch ein Lob seiner Arbeit hören würde. Aber nichts davon. Da saß ein fetter, kleiner Mann mit ölig glänzendem schwarzem Haar, der mit kurzen, weißen Händen ein blutigrotes Beefsteak zerteilte, ab und zu einen Schluck Rotwein nahm und zwischendurch, bald in seinem harten Deutsch, öfter durch die Vermittlung Stefans, einige Fragen über ihre Gesundheit, ihre Reise und andere gleichgültige Dinge an sie richtete. Der dann betonte, daß der Maxl, den er immer Marcel nannte, ein braver Bursch gewesen und daß es jammerschade um ihn sei. (So übersetzte wenigstens der mitleidige Stefan die nachlässig hingeworfenen Gesprächsfetzen seines Chefs.) Und daß Madame sich nur in den paar Tagen Paris gut ansehen möge.

Dann war man entlassen und ging durch die zu dieser Stunde leere Bar hinaus. Frau Veronika sah sich langsam um in dem rosa und silbergrauen Raum, den jetzt nur ein mattes Zwielicht erhellte. »Da hat er also gearbeitet, der Maxl«, sagte sie leise. »Ja, natürlich«, erwiderte Stefan. »Dort hinter der Bar stand er immer und mixte.« Frau Veronika schüttelte den Kopf. Wie fremd war das alles! Was hatte ihr derber, vergnügter Junge hier in diesem Raum arbeiten können, der nichts mit einer Wirtschaft zu tun hatte und wie der Salon eines Königsschlosses hergerichtet war? – »Ja«, fuhr Stefan fort, »und hier ist er ja dann auch gestorben.« Daß man über Maxls Todesursache ängstlich wegging, war ihr schon länger aufgefallen. Nun wagte sie eine direkte Frage. »… Schließlich, Sie werden verstehen, Herr Stefan, eine Mutter möchte doch wissen …« Stefan hatte glücklicherweise soeben von Monsieur Tosati erfahren, daß die Polizei die Leiche hatte freigeben müssen, trotz aller Bedenken, und daß also einmal wieder der durchaus begründete Rauschgiftverdacht sich von der Royal Bar abgewandt hatte. So konnte er also mit einem kleinen erleichterten Gefühl – denn hätte nicht der Fall auch ihn betroffen? – antworten: »Es waren nur die Nieren und das Herz.« So etwa, als sei ein Tod, der von den Nieren und vom Herzen käme, weniger endgültig als ein anderer. – »Und wo ist er, ich meine, wo ist die Leiche jetzt?«, fragte sie. »Ich möchte ihn doch sehen.« Stefan hatte einen kleinen Schreck. Daran hatte niemand gedacht. Von der Polizei war der Sarg wohl gleich zur Leichenhalle des Friedhofs gegangen. Er zuckte bedauernd die Schultern. Das sei nun leider nicht mehr möglich, der Sarg sei bereits geschlossen. Frau Veronika lehnte hilflos an einer vergoldeten Säule. Wie seltsam hier alles war, und wie kalt! Die Nieren und das Herz also? Aber der Maxl war doch niemals krank gewesen. Hatte ihn die fremde große Stadt auf dem Gewissen? Wie mochte er gelebt haben? Alles war fern und fremd, gar nicht wirklich.

Ihre Unsicherheit wurde noch größer, als sie dann mit Stefan Maxls Wohnung betrat, nicht ein einfaches Kämmerchen, wie sie sich wohl vorgestellt hatte, sondern ein elegantes kleines Appartement mit Möbeln, die ebenso fein waren wie in der Bar, mit dichten Tüllvorhängen und verschleierten Lampen und einem Bett, das so breit war mit seiner roten Seidendecke, daß Frau Veronika gar nicht hinzuschauen wagte. »Ja«, fragte sie schüchtern, »hat er denn so viel Geld verdient?« Über die Geldquellen Maxls zu berichten, an denen eine gewisse, nicht mehr ganz junge, aber dafür um so blondere Dame der guten Gesellschaft nicht ganz unbeteiligt gewesen war, hielt Stefan mit Recht für untunlich. Er wich gewandt aus. »Na natürlich, meinte er mit einer vagen Handbewegung, »nicht nur in der Bar. Aber, wenn man sich ein bissel auskennt hier, dann ist manches zu verdienen.« Damit mußte sich Frau Veronika zufrieden geben. Aber es war noch eine peinliche Sache zu erledigen. Stefan gab sich einen Stoß und fragte: »Ja, und was machen wir mit dem Wagen?« – »Mit welchem Wagen«, fragte Veronika verstört dagegen. »Na, er hat doch einen Wagen gehabt, ein Auto«, fügte er erläuternd hinzu, »ein sehr feines sogar. Wollen Sie das nun mit heim nehmen oder verkaufen wir's lieber hier?« – Daß auch dieser Wagen ein Geschenk der platinblonden Dame war, ließ sich schon schwerer verschweigen. Aber zum Glück war all das Neue und Unerwartete, das auf Frau Veronika einstürmte, so bestürzend, daß sie sich einfach über nichts mehr wunderte und ihr Einverständnis mit einem Verkauf erklärte. Der Erlös dafür wie für die Möbel würde ihr dann übersandt werden.

Dann hatte Stefan die gute Idee, ihr eine Durchsicht von Maxls Sachen vorzuschlagen. Als sie dann vor aufgezogenen Schubfächern kniete, Unterzeug und Strümpfe in den Händen hielt, die sie ihm geschickt und die er längst nicht mehr getragen hatte, als sie in einem Winkel des Schreibtisches ein Bildchen ihres verstorbenen Mannes im Bratenrock fand und die Anzüge auf Kleiderbügeln, von denen einige noch den Namen eines Geschäfts im heimatlichen Städtchen trugen – da hatte sie zum ersten Mal das Gefühl einer Nähe, sie spürte zum ersten und einzigen Male in dieser unbegreiflichen Umgebung, daß es wirklich ihr eigener Sohn gewesen war, der hier gelebt hatte, dessen Atem noch in diesem viel zu feinen Zimmer hing, hatte auch zum ersten Mal das sichere und schmerzliche Bewußtsein, daß er nicht mehr aus irgend einer unbestimmten Fremde zurückkehren konnte, sondern wirklich unwiederbringlich tot war.

Aber sobald sie dann mit ihrem Andenkenpäckchen an Stefans Seite auf die lärmende Straße trat, war alles wieder vorüber, war da wieder die fremde Stadt mit ihren wilden Lauten und Farben und der feine Herr, der sich fast befremdet geweigert hatte, Maxls Armbanduhr als Erinnerungszeichen anzunehmen. So kam es, daß das Begräbnis am nächsten Tag fast eindruckslos an ihr vorüberging. Der Friedhof war so seltsam und förmlich mit seinen Steinhäuschen und Türmchen an Stelle der schlichten Kreuze, an die sie gewöhnt war. Von den Worten des Geistlichen verstand sie nichts. Maxls Wagen, in dem sie neben Stefan am Steuer fuhr, flößte ihr eher Schrecken ein mit seinem beängstigenden Glanz von Nickel und hellrotem Leder. Stefan fuhr sie in dem Wagen dann gleich zum Bahnhof, trotz allen Mitleides froh, das unbeholfene Mütterchen los zu sein.

Am nächsten Abend traf sie im Städtchen wieder ein. Als sie langsam mit dem Köfferchen auf ihr Haus zuging, begegnete sie einer Nachbarin, die sie mit neugierigem Beileid begrüßte. »Ja, ja«, sagte sie auf die dringlichen Fragen, »an den Nieren hat er's gehabt.« Und geerbt? »Natürlich doch. Er ist ja ein feiner Herr geworden, der Maxl. In seinem eigenen Wagen bin ich zur Beerdigung gefahren, aber ich verkauf ihn jetzt lieber, was soll ich hier die Leute ärgern?« Dann ging sie in ihr einsames Häuschen, in dem der Maxl ein Kind gewesen war, setzte sich, noch mit dem Trauerhut auf dem Kopf, an ihren Nähplatz am Fenster, von dem aus sie den Buben hatte aus der Schule kommen sehen. Hier erst begriff sie ganz, daß er niemals mehr kommen würde. Aber wie ihr die Tränen über das verhärmte Gesicht liefen, fühlte sie ihn plötzlich ganz nah, viel näher als in all den Jahren, da er flüchtige Grüße geschickt hatte aus einer großen, fremden Stadt Paris.

Luise Straus in Griechenland
Sommer 1936

Wallfahrt nach Tinos

Während der langen Seefahrt von Piräus nach der Insel Tinos hatte Katina immer Furcht, zu spät zu kommen. Die große Menge der Mitfahrenden, die sich überall auf dem Schiff drängte, beängstigte sie. Und dabei waren gleichzeitig mit ihrem Dampfer noch viele andere buntbewimpelte Boote nach der Insel abgefahren. Man durfte gar nicht daran denken, wie viele Pilger schon in den letzten Tagen die Reise angetreten hatten. Würde man noch Platz finden in Tinos, und würde die Reise Segen bringen? Würde endlich der kleine Michail von seiner schrecklichen Lähmung befreit werden, die kein Arzt heilen konnte?

In ihrer erwartungsvollen Erregung und leidenschaftlichen Hoffnung auf die Erfüllung des Wunders kam sie gar nicht dazu, das seltsame Leben, das sie umgab, in sich aufzunehmen. Des Reisens ungewohnt, fand sie, die aus den Phokischen Bergen kam, es ganz selbstverständlich, daß die Hunderten von Pilgern eng gepfercht überall saßen und lagen. Auf buntgewirkten Decken und Kissen mit Flaschen, Tonkrügen voll Wasser und Henkelkörben, angefüllt mit riesigen Melonen, Trauben und breiten Brotringen.

Viele Kranke hatten die Schuhe ausgezogen, lagen erschöpft und teilnahmslos da, von ihrer Familie betreut und mit dicken Tüchern bedeckt, trotz der großen Hitze. Kinder tappten überall umher, weinten, verstreuten Brotreste und Melonenkerne und stolperten über die Füße der Erwachsenen. Man aß und trank ohne Unterlass.

Nur Katina mochte nichts essen. Sie starrte auf das blaue Meer hinaus, sah die Klippen der Inseln vorübergleiten und bekreuzigte sich in einem fort. Die Großmutter schien viel ruhiger und nüchterner. Wie immer sorgte sie für den kleinen Michail, der in Decken gehüllt blaß und regungslos in seinem Winkel lag. Sie hatte in dem irdenen Becken ein Holzkohlenfeuer entzündet, das sie mit einem Strohfächer zur Glut entfachte. Darauf bereitete sie den Reisbrei für das kranke Kind.

Eine Bäuerin aus Ägina, die ihre Schlafdecke neben Katinas Teppich ausgebreitet hatte, kam mit ihr ins Gespräch. Sie machte alle Jahre eine andere Wallfahrt, um ihre Gicht zu heilen, und kannte alle wundertätigen Heiligenbilder des Landes. Sie war beim heiligen Gerasimos in Kephallonia gewesen, in der hunderttorigen Kirche von Paros und beim heiligen Spiridon in Korfu. Doch die Panaghia in Tinos sollte wundertätiger und mächtiger sein, als alle anderen Heiligenbilder. Darum ging sie immer wieder zu ihr.

Die hagere Frau mit dem wachsgelben Gesicht, den kohlschwarzen Augen und dem buntgeblümten Kopftuch über den lang herabhängenden dunklen Zöpfen konnte sich gar nicht genug tun an begeisterten Schilderungen von den vielseitigen Wundern der Panaghia und vor allem von ihrem fabelhaften Reichtum. Keine Königin konnte reicheren Schmuck und mehr Brillanten haben als das heilige Bildnis auf dem Grunde des kleinen gläsernen Schreins. Nur das Antlitz der Maria leuchtete aus dem dichten Haufen von Edelsteinen heraus, den die Gläubigen ihr verehrt hatten.

Tief ergriffen war Katina von den Reden ihrer Nachbarin. Ihre erregte Phantasie malte sich schon im Voraus all die Wunder aus, die eine so mächtige Gottesmutter morgen an ihrem Festtag offenbaren würde.

Viele blaue Fahnen mit weißen Kreuzen wehten auf der Mole von Tinos den Ankommenden entgegen. Schon lagen zahlreiche Schiffe mit bunten Wimpeln im kleinen Hafen. Von den benachbarten Inseln, ja vom fernen Saloniki und vom Peloponnes waren Tausende gekommen. Eine dichte Menge drängte sich auf dem Kai, und nur mühsam konnte sich Katina mit den Ihren einen Weg durch den fröhlich schwatzenden Menschenstrom bahnen. Die Großmutter trug das kranke Kind, Katina schleppte den Korb mit Lebensmitteln und das schwere Bündel mit Kissen und Decken. Sie folgten der Schar der Pilger, die sich langsam durch die sanft ansteigende Straße vorwärtsschob.

Die billige Buntheit und der schrille Lärm, mit dem zur Feier des Tages die Straße erfüllt war, schien Katina, die aus dem stillen Bergdorf kam, als das Getriebe der großen Welt; es machte einen weit stärkeren Eindruck auf sie, als die graue, gierige Hast, die sie in den Straßen von Athen gesehen hatte.

Hier in Tinos gab es unendlich viel zu schauen. Da wurde ein Hammel am langsam sich drehenden Spieß gebraten, dort warf einer Fische oder kleine Kuchen in siedendes Öl. Töpfereien konnte man kaufen, schön geflochtene Körbe und feine Spitzen, Heiligenbilder und Andenken natürlich, Holzgeräte und Kupferkessel. Sogar ein kleiner Zirkus hatte sein Zelt aufgeschlagen; man hörte von innen Musik und sah einen Affen auf der Zeltspitze hocken. Viele Krüppel gab es, schrecklich anzusehen, die die Heiligkeit des Ortes von ihren Gebrechen nicht befreit hatte und denen jeder gerne eine kleine Gabe spendete. Blinde sangen melancholische Lieder und geigten dazu, Ausrufer priesen ihre Ware an, Kinder bliesen auf kleinen Trompeten. Es roch nach heißem Öl, nach Schweiß und nach süßem Wachs.

Fast hätte Katina vor Staunen über dieses bewegte Bild einen Augenblick den Zweck ihrer Reise vergessen. Da aber hielt ihr ein eifriger Händler ein Gestell entgegen, das mit silbernen Täfelchen behängt war. Darauf waren alle die Dinge abgebildet, an denen die Gottesmutter Wunder getan hatte: Arme, Beine, Ohren, aber auch flammende Herzen, Bräute mit brennendem Licht am Altar, und Kinder. Ein Junge im Matrosenanzug gefiel ihr besonders. So hätte ihr kleiner Michail aussehen sollen! Wann würde sie als Dank an die Maria ein solches Täfelchen neben dem wundertätigen Bildnis aufhängen können? Wann würde Michail geheilt sein? – Sie kaufte eine große gelbe Wachskerze.

Nahe der Kirche lichtete sich das Gewimmel. Die Pilger verteilten sich auf die Plätze vor dem Heiligtum, in die Höfe und Bogengänge, um einen Platz zu suchen. Viele waren schon eingerichtet auf Decken, unter Zelten. Es war ein lebhaftes Hin und Her. Manche schliefen bereits, in Tücher eingewickelt, mitten im Trubel. Die Großmutter nahm die Decken, um die Lagerstatt vorzubereiten, während Katina, den Knaben auf dem Arm, sich in die Menge mischte, die auf der hohen Freitreppe eng gedrängt den Einlaß in die Kirche erwartete.

Neben ihr stand eine Frau in einem prächtig buntgestickten Kostüm aus weißem Tuch mit breiter abstehender Tunika. Sie kam von weither, aus Drama in Thrakien. Sie trug ein Votivtäfelchen mit einem Auge, das sie in der Kirche aufhängen wollte. Zwar hatte sie noch einen Verband ums Gesicht, aber sie behauptete, es sei so gut wie geheilt. – Nur langsam rückte man vor. Polizisten hielten den Eingang gesperrt und ließen immer nur ganz Wenige in das Heiligtum.

Endlich stand Katina in der ersten Reihe, und als die Polizisten die Schranke hochhoben, durfte auch sie mit ihrem Kind eintreten. Mit der Kerze bekreuzigte sie unaufhörlich sich und Michail und verneigte sich tief, noch ehe sie in die Kirche eingetreten war. Aber welche Pracht, als sie dann in der Tür stand! Sie wagte gar nicht, weiter zu gehen, aber man drängte von rückwärts nach. So trat sie schüchtern und ergriffen in den dämmrigen, flimmernden Raum, der schwer und süß nach Weihrauch duftete. Viele Kerzen brannten. Immer neue wurden von den Pilgern gebracht und angezündet. Zahllose Silberlampen hingen von den Gewölben und kristalliene Kronleuchter, und die Wände waren ganz und gar bedeckt mit riesigen, silbernen Ikonen.

Katina hätte nur immer stehen und staunen mögen. Aber da war unter köstlichem Baldachin der gläserne Schrein aufgebaut, der die Gottesmutter barg. Katina opferte ihre Kerze und warf sich vor dem heiligen Bilde auf den Boden, ehe sie sich darüberbeugte, um die Glasscheibe zu küssen. Auch den Mund Michails ließ sie die heilige Stelle berühren, die gleich darauf von einem jungen Mädchen mit einem weißen Tuch abgewischt wurde.

Als sie noch ganz benommen dem Ausgang zuschritt, kam es Katina in den Sinn, daß sie vor lauter Brillanten das Gesicht der Maria gar nicht gesehen hatte. Aber das mußte wohl so sein.

Die heilige Jungfrau von Tinos hatte heute ihren großen Tag. Die ganze Nacht hindurch zogen die betenden Pilger vor ihrem Bildnis vorbei, küssten das brillantenübersäte Antlitz und spendeten große Summen in der Sakristei des Heiligtums.

Michail schlief fest in den bunten Teppich gehüllt, den die Großmutter eigens für ihn gewebt hatte. – In den langen Säulengängen neben der Kirche lagen viele Tausende von Kranken und Gebrechlichen, die alle hoffnungsvoll den morgigen Tag erwarteten. Ein Pope bemühte sich um eine Frau, die schreiend nach Luft rang. Die gespannte Erwartung und Verzückung ließ ihr Herz sich verkrampfen. Die Erregung breitete sich aus. Aus der ganzen Galerie drang Schreien und Stöhnen. Ein Säugling begann in seiner Hängematte zu weinen. – Nur allmählich legte sich die Unruhe, und dann hörte man nichts mehr als das Rauschen der Palmen und Zypressen im Klosterhof und das Rieseln der marmornen Brunnen.

Eintöniger Gesang dringt aus der Kirche, als in der heißen Vormittagssonne die große Freitreppe geräumt wird. Die königliche Garde, in ihrer prunkvollen Uniform von Athen gekommen, bildet ein leuchtendes Spalier zu Ehren der allerheiligsten Jungfrau, die über diese Stufen herab ihren Weg nehmen wird.

Katina und ihre Mutter haben sich frühzeitig mit dem kleinen Michail auf die Treppe gedrängt und stehen dicht hinter einem Soldaten. Chorknaben mit Laternen und silbernen Kreuzen harren schon vor dem Portal. Eine Militärkapelle spielt unten im Hof einen langsamen Marsch. Eng gedrängt steht die Menge, regungslos. Weihrauchwolken wehen aus der Kirche, und die beiden Frauen sehen sich bedeutungsvoll an.

Im prunkvollen Ornat erscheinen die Popen, den Metropoliten mit goldener Krone in ihrer Mitte. Dumpf klingt die große Glocke, und hell mischen die kleineren ihren Schall darein. Langsam setzt sich die Prozession in Bewegung, und dann erscheint auch, feierlich auf den Schultern von Soldaten getragen, der kostbare Schrein mit dem wundertätigen Bildnis.

Da drängt Katina zwei Soldaten zur Seite, stürzt in die Mitte der Treppe und legt ihren geliebten, kleinen Michail auf eine Stufe. Nun wird alles Leid vorüber sein, denn gleich wird die Panaghia über das gelähmte Kind hinwegschreiten und die Krankheit von ihm nehmen! Andere folgen ihrem Beispiel.

Plötzlich liegt auf jeder Stufe ein Kranker. Blinde werden hingeführt, Lahme getragen, andere schleppen sich selbst auf ihren Krücken hin. Atemlos harren alle auf das Wunder … Doch einer der Popen hat unmerklich mit der Hand gewinkt. Da ertönt ein kurzes Kommando, und die Soldaten treten vor, um die Kranken von der Treppe fortzuführen … Katina widersetzt sich bis zuletzt. Behutsam schützt sie den Kopf des kleinen Michail und drückt ihn sanft auf die Stufen. Mit Gewalt muß der Soldat die jammernde Frau und ihren Jungen fortschieben.

Dann erst kann die Gottesmutter ihren Weg durch das Städtchen antreten, mit Glockenklang, Weihrauchwolken und Musik. Wo sie vorüberkommt, wirft sich die Menge anbetend in den Staub.

Am frühen Nachmittag begannen die Pilgerschiffe sich zu füllen. Als Katina sich wieder auf dem Deck einfand, kam ein Matrose der Besatzung, dem sie bereits auf der Herfahrt ihren Kummer erzählt hatte.

– Aber, sagte er halb mitleidig, halb spöttisch, dein Kind kann ja noch immer nicht gehen?

Katina stürzten die Tränen aus den Augen.

– Er wäre jetzt ja gesund! Aber die bösen Soldaten! Sie haben ihn von der Treppe gerissen, so daß die heilige Jungfrau nicht über ihn hinwegschreiten konnte. Nur die Soldaten sind schuld! – Aber nächstes Jahr werde ich es geschickter machen, und dann wird mein kleiner Michail laufen können … Denn die Panaghia von Tinos ist mächtig!

Hotelzimmer mit Kino

So etwas soll es in amerikanischen Luxushotels geben. Aber in Saloniki erwartet man es weniger. Dazu ist es nicht einmal einer der schicken Paläste am Meeresstrand, in dem ich diese angenehme Überraschung erlebte; sondern ein ganz braver Durchschnittsgasthof mitten in der Stadt. Jetzt, in der Messezeit muß man froh sein, überhaupt unterzukommen. Und wenn auch das warme Wasser nicht funktioniert und wenn auch das Zimmer nachts etwas belebter ist, als man es im Interesse einer ungestörten Ruhe wünschen möchte, wird doch der Optimist zufrieden konstatieren, daß es unbedingt interessant ist, an der alten Römerstraße zu wohnen, die einst von Dyrrhachium, dem heutigen Durazzo, nach Byzanz führte.

In Saloniki muß man sehr früh zu Bett gehen. Die Leute in Saloniki finden das zwar gar nicht und treiben sich bemerkenswert lange auf den Straßen und in den Kneipen herum. Bis nach drei Uhr nachts hört man das Gläserklirren aus der Weinwirtschaft gegenüber und das Klappern des Messers, mit dem die fleisch- und käsegefüllten Blätterteigkuchen nebenan in der Crémerie zerhackt werden.

Doch wenn die Bewohner von Saloniki auch die halbe Nacht auf der Straße verbringen, muß man trotzdem früh ins Bett, sofern man eine Frau allein ist, auch noch eine blonde, die sich tagsüber schon zur Genüge hat anstarren lassen, sofern man außerdem, in der Absicht, nur ein paar Tage fortzubleiben, mit zwei Waschkleidern und einer Wolljacke von Athen abgereist ist, sich aber dann drei Wochen in Anatolien herumgetrieben hat und nun unversehens von herbstlicher Kühle überrascht wurde, an die man schon gar nicht mehr geglaubt hatte. Solange die Sonne scheint, mag man sich über die Jahreszeit noch täuschen; ist aber das letzte Rot, Gold und Violett über dem perlmutterfarbenen Meer verblichen, dann sehnt man sich nach dem schönen, warmen, wollenen Tailleur, das in Athen unerreichbar im Koffer liegt. Diese Sehnsucht bekämpft man am besten im Bett und versucht, schon ein bißchen Schlaf vorwegzunehmen, um sich für den zwischen zwei und drei Uhr sicher bevorstehenden Kampf mit den unvermeidlichen kleinen Mitbewohnern zu stärken.

Aber der Schlaf läßt sich nicht kommandieren; zum Lesen ist die hoch oben an der Decke schwebende winzige Lampe zu dunkel. So sieht man den vorüberhuschenden Schatten zu und versucht sich vorzustellen, daß da unten ein römischer Kaiser seine Truppen nach Byzanz führe oder daß Kaufleute aus dem Osten in langer Wagenkarawane köstliche Seiden und zierlich gearbeitete Silbergefäße zu den rauheren westlichen Völkern bringen. Es gehört ziemlich viel Phantasie dazu, denn man muß das Hupen der Autos und des Klingeln der Trams ausschalten. Nur das Eselgeschrei wird wohl das gleiche geblieben sein.

Aber was bewegt sich denn da drüben? Das ist kein Schatten von der Straße. Das ist überhaupt kein Schatten – und ist trotzdem einer. Es ist in der Tat nichts anderes als ein Film, der auf eine Hauswand geworfen wird. Und die Sitze befinden sich vermutlich auf jenem flachen Dach, dessen zahlreiche Bogenlampen mir bisher ziemlich sinnlos erschienen waren. Mein Ärger darüber, daß man abends kein Kino aufsuchen kann, weil sie alle im Freien, also für meine zeitweilige Garderobe ungeeignet sind, schlägt in Wohlgefallen um.

Es ist zuerst nicht ganz leicht, sich auf diese große Entfernung einzustellen und auf die schräggerichtete Leinwand vor der Mauer. Aber endlich ist doch der rechte Platz auf dem Kissen, die vorteilhafteste Anordnung der Bettdecke gefunden, um sich dem Genuß ganz hinzugeben. Das erste, was sich einwandfrei feststellen läßt, ist ein sehr hoher, weißer Hut. Aha, natürlich Cowboy. Ausgezeichnet und richtig, nun eilt auch schon eine ständig wechselnde Landschaft vorüber; Schneeberge, Abhänge, reißende Flüsse, ein Teil der großen Jagd hinter dem Verbrecher. Ein Blockhaus. Ein Disput mit einem andern, der auch einen hohen Hut trägt, aber einen braunen. Wie rücksichtsvoll! So kann ich die beiden doch unterscheiden, denn die Gesichter sind natürlich auf diese Distanz nicht zu sehen. Und von den Reden dringt durch den wilden Straßenlärm kein Ton zu mir.

Alles Entzücken des nie ganz verschmerzten stummen Films wird wach. Worte sind wirklich überflüssig. Gespannt folgt man den Kämpfen des Helden gegen seine Widersacher. Dann kommt der Clou: der im Blockhaus Eingesperrte soll durch Feuer vertrieben werden. Die jäh hochschlagende Flamme wirkt noch viel erschreckender unter dem wirklichen Sternenhimmel als im geschlossenen Vorführsaal. Selbstverständlich kommt im entscheidenden Augenblick das überkluge weiße Lieblingspferd zur Rettung herbei, stampft rasch einige Gegner in Grund und Boden und trägt den geretteten Helden triumphierend davon. Jetzt muß noch ein Kampf kommen. Der Zusammenstoß mit den Bösewichten findet mitten in der Steppe statt. Das mußte wohl so sein, damit ihnen das geraubte und natürlich ohnmächtige blonde Glück erfolgreich entrissen werden kann. Unversehens ist dann der Held mit seiner nun nicht mehr ohnmächtigen süßen Last auf dem Bergesgipfel angekommen, verfolgt von dem verhaßtesten Gegner im schwarz-weißen Hemd. Ein kurzer Ringkampf, und schon rollt – wie konnte es auch anders sein? – der böse Feind den endlosen Abhang hinab, ins Leere. Der Held im weißen Hut aber und sein blondbezopftes Girl liegen sich unter einem zartbewölkten Frühlingshimmel selig in den Armen.

Aus! Drüben erstrahlen die Bogenlampen. Aber die umgebende Zeltbahn, die den Zaungästen von der Straße das Handwerk legen will, ist zu hoch, um Leute kommen und gehen zu sehen. Und auf diese Weise habe ich auch viel mehr den Eindruck, daß für mich ganz allein gedreht wird.

Die Bogenlampen erlöschen, die Leinwand leuchtet weiß auf. Irgendwas Orientalisches begibt sich nun. Männer in weißen Turbanen diskutieren, ich weiß nicht was. Hier, wo der Orient so nahe und fast noch gegenwärtig ist, wirkt das theatralische Getue mit Dolchen und Pluderhosen doppelt unwahrscheinlich. In dem Durcheinander von Turbanen kennt man sich nicht aus. Oder sind meine Augen von dem langen, angespannten Hinschauen müde geworden? – Jetzt sieht man einen dicken Mann in einem Himmelbett liegen. Sollte er irgendwelche Träume haben? Stimmt! Schon erscheint eine Schar junger Mädchen, die im Gänsemarsch das Bett umtänzeln. Viel Phantasie hat der gute Mann anscheinend nicht. Die Aufmachung seiner Traumgestalten entspricht einem mehr als bescheidenen Geschmack. Übrigens gleichen sich alle, was noch offenkundiger wird, als nun noch die in fast preußischem Takt marschierenden Beine dem Träumenden – und mir! – sichtbar sind.

Muß das sein? Oh nein, durchaus nicht. Und das ist vielleicht das Beste an diesem Kino, daß man darin ruhig einschlafen kann, ohne hinterher nach Hause gehen zu müssen.

… Und den träumenden Turbanherrn schaue ich mir dann eben morgen abend an.

Gaby wünscht sich eine Boa

Sie standen auf dem Bahnsteig des französischen Provinzstädtchens, und Frau Gaby gab dem scheidenden Gatten die letzten guten Lehren und Aufträge.

»Also, nicht wahr, Robert, du denkst in Paris an die Boa. Du findest sie bestimmt in der Samaritaine. Das ist ein großes Warenhaus, das du gar nicht verfehlen kannst. Du wirst schon das Richtige aussuchen, bei deinem guten Geschmack.

Eigentlich hatte Robert Girardet gar keinen besonders guten Geschmack, und das wußte seine Frau auch sehr wohl. Aber da sie etwas von ihm erbat, was er nur ungern tat, war sie klug genug, ihm ein wenig zu schmeicheln und die sentimentalen, etwas leeren Minuten vor der Abfahrt des Zuges zu nochmaliger Ermahnung auszunützen.

Herr Girardet nickte gehorsam. »Ich will mein Möglichstes tun. Eine Boa, schön. Aber sag mal, Liebling, was ist das eigentlich?«

Frau Gaby lächelte nachsichtig. Diese Männer! »Ach«, meinte sie, »das ist so ein Ding, das man um den Hals legt zum Beispiel im Sommer, wenn man ohne Mantel ausgeht, oder abends im Theater. Meine Mutter hatte immer eine Boa. Es sah so elegant aus. Und nun habe ich in der Modezeitung gelesen, daß man sie wieder trägt. – Nicht wahr, du denkst daran. In der Samaritaine. Und dann vergiß auch nicht, von Paris aus den Laffonts eine Karte zu schicken. Sie könnten es übel nehmen, wenn du sie vernachlässigst. Und wo wir uns fast täglich sehen, ist das dann unangenehm.«

Der Zug fuhr langsam an. Frau Gaby hatte es nicht gleich bemerkt und flatterte nun wie ein aufgescheuchtes Huhn noch ein paar Schritte nebenher, eifrig winkend und rufend, bis der letzte Waggon aus der Halle verschwunden war. Dann ging sie langsam, doch voll Haltung, die Treppe zur Stadt hinunter und sah sich im Geiste schon geschmückt mit der Boa, einem schmiegsamen zarten Gebilde aus Federn und Tüllrüschen.

Inzwischen fuhr Herr Robert Girardet in den sinkenden Abend hinein, mit sorgenvoll gefurchtem Gesicht, denn er liebte gar nicht diese Reisen, die ihn aus seiner beschaulichen Ruhe herausrissen. Immerhin war er gewissenhaft genug, in sein Notizbuch das Wort »Boa« einzutragen, neben ein paar Adressen, die seine fürsorgliche Gattin dort für Besuche in der Hauptstadt aufgeschrieben hatte. Robert hielt seine Frau für bedeutend klüger als sich selbst, wozu übrigens nicht viel gehörte, denn seine Interessen reichten kaum über den Umkreis der kleinen Eisenwarenhandlung hinaus, die er im Städtchen betrieb, und als Zerstreuung genügte ihm der Aperitif im »Café des deux Mondes«, den er zweimal täglich im Kreis seiner Freunde einnahm. Im übrigen las man die Zeitung und ging früh zu Bett. So verrann das Leben unbemerkt und ohne Komplikationen.

Die wenigen Tage in Paris, die nötig waren, um die geschäftlichen Angelegenheiten abzuwickeln, bedeuteten beinahe ein Opfer für Herrn Girardet. Der ungewohnte Lärm der Straßen, das ständige Aufpassen auf wildsausende Wagen und Autobusse, das Fehlen der gewohnten Bequemlichkeiten, der Aperitif ohne die weisen Reden des Ratsschreibers und die gepfefferten Witze des Apothekers machten ihn verwirrt und ein wenig traurig. Er konnte kaum den Tag erwarten, an dem er in die trauliche Langeweile seines Provinzlebens zurückkehren könnte.

Endlich war alles erledigt. Man konnte an Abreise denken. Vergnügt bestellte er die Hotelrechnung und überblickte, gewissenhaft wie er war, noch einmal die Liste der Pariser Besorgungen in seinem Notizbuch. Da allerdings mußte er mit einem kleinen Schreck feststellen, daß er zwar die Ansichtskarte an die Laffonts geschrieben, den Einkauf der Boa für Gaby aber völlig vergessen hatte. Natürlich war es unmöglich, ohne diesen anscheinend so wichtigen Gegenstand nach Hause zu kommen. Herr Girardet hätte die zornigen Blicke und spitzen Bemerkungen Frau Gabys nicht erleben mögen. So machte er sich also bedrückt zur Samaritaine auf.

Endlich hatte er sich nach der Modeabteilung durchgefragt, denn er hatte sich mit Recht gesagt, daß ein Gegenstand, den eine Dame um den Hals trägt, wohl dort zu finden sein müsse. Er fragte eine Verkäuferin, die ihren schön ondulierten Kopf an eine mit Federn und bunten Ansteckblumen zierlich dekorierte Vitrine lehnte, ob sie Boas vorrätig habe. Sie sah ihn erst so verständnislos an, daß er die Frage wiederholen mußte.

»Natürlich«, zirpte sie dann, »Boas, im Neubau, nur dort über die Straße, mein Herr. Sie sehen den Eingang von hier aus.«

Herr Girardet setzte also seinen Leidensweg fort. Er sah etwas, was ihn erstaunte und entrüstete: Zu mehreren Stockwerken aufgetürmt, standen hier kleine und größere Käfige, in denen Hunde aller Rassen sowie Katzen saßen oder umhergingen. Er entfloh ins obere Stockwerk. Aber hier sah er sich voll Erstaunen in einem richtigen kleinen Zoo. Er hatte nicht gewußt, daß das große Warenhaus auch Tiere verkaufte, und keineswegs nur die üblichen Haustiere. Da gab es in den kleinen Käfigen neben Kaninchen und Meerschweinchen, Füchse, Marder, Eichhörnchen und Wildkatzen. An der Fensterwand, in einer Volière, spazierten Störche, Marabus, Pelikane und Flamingos umher und blickten ernsthaft auf den belebten Boulevard hinab. Und in der Mitte tummelten sich in einem großen Glashause lustige Affen herum, während ein Schimpanse tiefsinnig in der Ecke hockte, sich die Flöhe absuchte und das Publikum mit verächtlichen Blicken maß.

Weiter vorn entstand eine plötzliche Bewegung. Kleine Schreie, halb amüsiert, halb ärgerlich, wurden vernehmbar. Gleich darauf brach etwas durch die Menschengruppe, die sich gebildet hatte: ein Wildschwein, ein schmächtiges Tier zwar, doch stark genug, um mit dem kräftig vorgestoßenen Futternapf die schlecht geschlossene Käfigtür aufzusprengen und in die Freiheit zu entfliehen, die allerdings nur in den holzgedielten Gängen des Warenhauses bestand. Bald war das Tier von den aufgeregten Angestellten wieder eingefangen, und das Häuflein der Neugierigen verlief sich, bis auf

Herrn Girardet, der, seiner Mission eingedenk, verlegen um sich blickte. Einer der Angestellten fragte ihn höflich, ob er etwas suche. Und Herr Girardet stammelte, leicht aus der Fassung gebracht: »Gewiß, ja, eine Boa.«

»O, bitte sehr, mein Herr, zwei Treppen tiefer, im Souterrain.«

Robert Girardet stieg also die Treppen wieder hinab. Hier unten gab es weniger Betrieb. Man sah kaum Käufer oder Neugierige. Der einzige Lärm ging von vielen, kleinen, sehr bunten Vögeln aus, die längs der Wände in zahlreichen Käfigen hüpften und zwitscherten. Ein junger Mann war damit beschäftigt, einen umgestürzten Futternapf im Käfig der Grünspechte wieder zu befestigen. Er wendet sich um, als Herr Girardet sich ihm näherte, fragte nach seinen Wünschen und verließ gleich seine Arbeit, um den Kunden zu bedienen.

»Sie haben Glück, mein Herr«, sagte er strahlend, »wir haben eben ganz besonders schöne Exemplare hereinbekommen.« – Damit komplimentierte er ihn in den Hintergrund des Raumes und wies auf einen mächtigen, eingebauten Glaskasten, in dem sich etwas langsam bewegte. Herr Girardet wendet sich entsetzt zurück! »Aber das sind ja Schlangen!«

»Natürlich«, dienerte der lächelnde Verkäufer. »Der Herr wollte doch eine Boa. Hier sind welche, vermutlich die einzigen, die Sie im Augenblick in Paris kaufen können.«

Herr Girardet flimmerte es vor den Augen. Wie gebannt starrte er in das Innere des Glaskastens, in dem sich die dunkel glänzenden Leiber der Riesenschlangen gleitend übereinander schoben. So etwas wollte Gaby sich um den Hals hängen? Aber sie war doch nicht irrsinnig! Sie mußte sich getäuscht haben. Oder vielleicht hatte er einen falschen Namen behalten. Er zog sein Notizbuch hervor, blätterte, da stand ganz deutlich zu lesen: »Boa.« Aber möglicherweise hatte er im Abfahrtslärm des Zuges nicht recht verstanden.

»Verzeihen Sie«, stotterte er, zu dem erstaunten Verkäufer gewandt, »aber ich kann mich doch nicht sofort entschließen. Ich möchte noch einmal mit meiner Frau sprechen.« – »Gewiß, gerne, mein Herr. Vielleicht darf ich Ihnen für Ihre Frau Gemahlin diese Preisliste mitgeben?« – Achtlos steckte

Herr Girardet das Papier in die Tasche, verabschiedete sich und suchte das Weite.

Nach dem Mittagessen fühlte er sein Gleichgewicht wiederkehren, und als er an einem Pelzgeschäft vorüberkam, ging er hinein und kaufte einen hübschen Fuchs für seine Frau. Schließlich konnte sie den ebenfalls um den Hals tragen. Und wenn auch der Auftrag auf diese Weise nur sehr ungenau ausgeführt war, so kam man doch wenigstens nicht mit leeren Händen.

Am nächsten Tag war Robert Girardet wieder zu Hause. Gespannt stand Frau Gaby neben ihm, als er seinen Koffer öffnete. – »Hast du die Boa?«, fragte sie ungeduldig. Stumm, ohne aufzublicken, reichte er ihr den Pelzkarton herüber. »Aber was fällt dir ein«, rief sie ärgerlich, als sie den Deckel abgenommen hatte. »Das ist ja ein ganz gewöhnlicher Fuchs, wie ihn die Frau des Richters schon seit einem Jahr trägt. Warum ist es keine Boa? Wie ungeschickt zu bist!«

»Du mußt entschuldigen, Liebling«, sagte Robert kleinlaut und noch auf den Knien, da er eben die Wäsche herausnahm, aber diese Stellung paßte sehr gut zur augenblicklichen Situation. »Du mußt schon entschuldigen, aber zu der Boa konnte ich mich wirklich nicht gleich entschließen. Sie schien mir so schrecklich groß.«

Frau Gaby wollte noch einmal auffahren. Aber er hatte schon die Preisliste aus der Tasche gezogen und gab sie ihr. »Sieh selbst nach, ob so etwas in Frage käme.«

Frau Gaby las:

»Ein Leopard	3500 Franken
Ein Elefantenbaby	25000 Franken
Ein junger Löwe	1500 Franken
Weiße Schwäne, das Paar	400 Franken
Schwarze Schwäne, das Paar	1500 Franken
Boa, per Meter	125 Franken

Umtausch nicht gestattet.«

Frau Gaby machte große Augen. Dann sah sie ihren immer noch eifrig auspackenden Gatten mit einem Blick an, der nicht eben von Hochachtung zeugte. »Ich sehe schon«, sagte sie eisig, »ich werde das nächste Mal selbst nach Paris fahren müssen, wenn ich etwas brauche.« – Dann setzte sie ihren Hut auf und nahm den neuen Fuchspelz um die Schultern, um ihrer Freundin Frau Laffont einen Besuch abzustatten. Denn die besaß keinen Fuchspelz und würde sich bestimmt ärgern.

Die Menschenfresserin

Wenn wir nur nach Hause gehen könnten«, seufzte Maggie und gähnte verstohlen.

André sah seine junge Frau mitleidig an. Sie saßen an einem Tischchen auf der Terrasse des Café du Dôme. Um sie herum brauste in allen Sprachen der Welt der rastlose Abendbetrieb von Montparnasse. Die Stühle um die winzigen Tische waren alle besetzt mit meist jungen Leuten, die betont elegant oder, öfter noch, betont nachlässig gekleidet waren, wie es eben ihre Vorstellung vom Künstlerleben verlangte. Kellner eilten hin und her. Kuchentabletts und Körbe voll kandierter Früchte wurden langsam umhergetragen.

»Du hast recht, Maggie«, sagte André. »Wir sitzen wirklich schon lange genug hier. Aber wir können doch nicht einfach so fortgehen.«

Maggie nickte resigniert. »Wenn wir gewußt hätten, daß Fred uns hier versetzt, hätten wir vielleicht den Rahmen um drei Franken heruntergehandelt, und könnten jetzt den Kaffee bezahlen.«

»Aber du siehst doch ein«, gab André etwas gereizt zurück, »daß das Bild einen anständigen Rahmen haben mußte. Die Amerikaner sind nun einmal so. Mister Dodge würde es ja nicht einmal ansehen, wenn es nur eine einfache Leiste hätte, wie du vorschlugst.«

»Na, vorläufig hat Dodge ja trotz des edlen Rahmens das Meisterwerk doch noch nicht gekauft.«

Alle Anzeichen sprachen für den ummittelbar bevorstehenden Ausbruch eines ehelichen Streites. Das friedfertigste und liebevollste Paar kann schließlich in einen solchen Fehler verfallen, wenn es vier lange Abendstunden vor zwei unbezahlten Café Crème hockt. Zum Glück trat in diesem Augenblick eine neue Person auf den Schauplatz.

»Da kommt Fred«, rief Maggie. Ein Schiffbrüchiger auf hoher See kann dem rettenden Boot kaum begeisterter entgegenwinken als Maggie dem ersehnten Freund, der sich eben, blond und breit, zwischen den dichtbesetzten Tischen durchschob.

»Kinder, seid nicht böse, daß ich jetzt erst komme. Ich hatte gar nicht gedacht, euch noch zu finden. Hab ich eine Lauferei gehabt! Den ganzen Abend bin ich hinter dem Mann hergerast, der die Photos für heute bestellt hatte. Im Büro, in der Wohnung, im Restaurant, überall war er gerade fortgegangen. Und jetzt hab ich noch mal bei ihm angerufen und am Telephon gehört, daß er über Sonntag aufs Land gefahren ist. Na ja, es scheint ihm egal zu sein, ob er die Bilder heute oder übermorgen bekommt. Aber mir ist es durchaus nicht egal. Denn nun bin ich ohne einen Sou. – Aber wie seht Ihr beide denn aus? Fehlt euch etwas?«

In der Tat starrten André und Maggie den trügerischen Deus ex machina an wie ein Gespenst. »Wir hatten gedacht, du könntest unsern Kaffee bezahlen. Wenn wir es selber könnten, wären wir längst fortgegangen.«

»Donnerwetter«, Fred sprang von seinem Stuhl auf, als sei er aus glühendem Eisen. »Ein Glück, daß ich noch nichts bestellt habe in meiner Unschuld. Da haben wir ja Pech! Aber das kann doch schließlich jedem passieren. Es wird schon jemand da sein, der Geld hat. Wartet, ich schaue mich mal um … Zu dumm wirklich, die ganze Terrasse voll Menschen und keiner, den man anpumpen könnte. Da hinten sitzt Gösta, aber der ist selber eingeladen von seinem dicken Mäzen. Eher vielleicht Monsieur Bridel, der Buchhändler drüben in der Ecke. In so einem Geschäft geht doch jeden Tag Geld ein, dem macht es sicher nichts aus … Muß sich jetzt ausgerechnet diese ungarische Dichterin an seinen Tisch setzen und auf ihn einreden? Na, ewig wird sie ja nicht sitzen bleiben. Gebt gut Obacht, wenn sie fortgeht, dann falle ich über ihn her.«

Aber alles Bewachen des fraglichen Tisches war zwecklos. Denn wider Erwarten ging Monsieur Bridel ans Telephon und zog dann mit der Ungarin ab. Fred hatte eine neue Idee. Er beschloß, unter allgemeiner Zustimmung, die benachbarten Cafés nach zahlungskräftigen Leuten abzusuchen, die die Zeche begleichen könnten. André und Maggie blieben allein und gedrückt zurück. Es ging auf halb eins. »Möchtest du nicht nach Hause gehen, Maggie?«, fragte André. »Du mußt todmüde sein, und es genügt doch wirklich, wenn ich hier sitze.« Aber Maggie wollte nicht, obwohl der Weg gar nicht weit war. Vor ein paar Tagen war ihr auf dem Boulevard ein Mann mit einem riesigen Fächerbart und glühenden Augen nachgegangen und hatte irgend etwas gemurmelt. Seitdem weigerte sie sich entschieden, bei Nacht allein über die Straße zu gehen. Sie war noch nicht sehr lange in Paris und hatte eine romantisch übertriebene Vorstellung von den Gefahren der Weltstadt. »Außerdem hab ich auch Hunger«, maulte sie, wie ein verzogenes Kind.

»Ja, aber wie sollen wir das denn machen?«, fragte André verzweifelt. »Zu Hause ist noch etwas Brot, aber hier können wir nicht die Zeche noch vergrößern. Sieh das doch ein. Was möchtest du denn essen?«

»Sieh mal, der schöne Kuchen, der da herumgetragen wird. Ich hätte gerade solche Lust auf eine Brioche, oder nein, auf einen Chinesen, sieh nur, wie schön braun sie sind.«

»Bei uns zu Haus hieß das ›Schnecke‹, knurrte André, »und auf jeden Fall können wir es uns nicht leisten«.

»Und hier nennt man es ›Chinese‹, was auch viel hübscher ist. Und übrigens weiß man nicht, welches Wunder im Lauf des Abends noch geschehen kann«, trotzte Maggie.

Sie saßen eine Weile schweigend in dem Trubel, der sich trotz der späten Stunde kaum gelichtet hatte. An einem benachbarten Tisch saß eine Gruppe von Schweden, Burschen und Mädchen, gleich blond, gleich sonnenverbrannt, und lärmte mit der voraussetzungslosen Freude junger Tiere. Daneben thronte einsam vor ihrem Kaffeeglas eine üppig aufgemachte Russin, der der Kummer und die Verlassenheit durch die allzu dichte und allzu bunte Schminke sah, mit der sie ihr zerfurchtes Gesicht bedeckt hatte. Stumm und gekränkt blickte sie um sich. Da diskutierten ein paar junge Maler mit wirrem Haar über eine Avantgarde-Zeitschrift, und dort hockte

eine Schar junger Menschen um einen bekannten Kunstkritiker, ein kümmerliches Männchen, schmierig, bebrillt und eitel. Jedes seiner kategorischen
Urteile wurde von den jungen Verehrern andächtig aufgefasst und flüsternd
ausgelegt. Es gab viele stumme Beobachter und solche, die das Leben um
sich kaum zu bemerken schienen, sondern in sich gekehrt dasaßen, eifrig
schrieben oder zeichneten. Junge Mädchen saßen da mit überaus komplizierten
Lockenfrisuren, abenteuerlich aufgeschlagenen Hüten, fadendünnen Taillen
und buntflatternden Tüchern im Jackenausschnitt. Sie schienen den Schau-
fenstern eleganter Modehäuser entsprungen, und ihr einziger Lebenszweck
mußte es wohl sein, hier zwischen den Tischen herzugehen, sich bewundern
und anstaunen zu lassen, höchstens einmal zu flüchtigem Gruß irgendwo
einen Augenblick stehen zu bleiben und dann teilnahmslos lächelnd wei-
terzuschweben. Denn man konnte nur mit Schrecken an die Möglichkeit
denken, es möchte ein Wind oder gar eine zärtliche Hand in dieses Locken-
gebäude fahren, es könne sich der künstliche Knoten des Schals lösen oder
das glatte Email des Antlitzes sich zu einer leidenschaftlichen, glücklichen
oder zornigen Grimasse verziehen. Alles wäre in dem gleichen Augenblick
zerstört gewesen. Der unberührbare rote Lack auf Lippen und Fingernägeln,
die silberblauen Schatten über den Augen, die sorgsam berechneten
Draperien am Halsausschnitt der Bluse gehörten zu dem Kunstwerk, das
diese ätherischen Geschöpfe allabendlich aus sich schufen und das im
Grunde niemandem diente als ihnen selbst.

André hatte auf einem Papier herumgekritzelt. Am Nebentisch saß ein
älterer Herr mit Bauch und Brille, offenbar hierher gekommen, um sich das
angeblich so fröhliche Künstlervölkchen ein wenig aus der Nähe zu betrachten. Er sah um sich, als sei er in einem zoologischen Garten. Die gutmütigen,
wenn auch nicht besonders ausdrucksvollen Züge dieser wohlsituiert an-
mutenden Persönlichkeit entstanden unter Andrés Hand auf dem Papier.
Mit etwas gutem Willen ließ sich die Ähnlichkeit nicht leugnen. Einer plötzlichen Eingebung folgend stand André auf und hielt dem Fremden das Blatt
unter die Nase. Leider verstand der aber nur sehr schlecht Französisch, und
keine andere Sprache, die André geläufig war. So begriff er nicht, was man

von ihm wollte, sah nur flüchtig auf die Skizze, auf der er sich, jeden guten Willens bar, natürlich nicht erkannte, und winkte ärgerlich ab. Betreten kehrte André an den Tisch zurück.

»Schade«, sagte Maggie bedauernd. »Damit haben wir doch früher mal Erfolg gehabt. Es hätte ihm bestimmt nichts ausgemacht, zehn Franken für die Zeichnung zu geben. – Aber da kommt Fred.«

Man sah Freds Miene schon von weitem an, daß er kein Glück gehabt hatte. »Keine Seele in der Coupole, niemand im Select, das heißt, Leute genug, aber nichts Anpumpbares«, sagte er traurig. »Aber wem winkst du denn da so vergnügt, Maggie?«

»Da kommt doch Herr Wang«, sagte Maggie begeistert. Und in der Tat sah man einen zierlichen Herrn mit etwas mandelförmig geschlitzten Augen sich durch die Tische winden und suchend um sich blicken. Nun muß bemerkt werden, daß Maggie Herrn Wang nicht immer mit diesem Entzücken zu betrachten pflegte wie heute abend. Der junge Chinese, der das gleiche Hotel bewohnte wie André und Maggie, hatte trotz aller respektvollen Grüße im Treppenhaus, trotz einiger kleiner Gefälligkeiten, die er Maggie zu erweisen versuchte, noch nie mehr als einen frostigen Dank, noch nie einen freundlichen Blick von der jungen Frau bekommen. Er hatte eine stumme ehrfurchtsvolle Anbetung für sie, und so war er freudig überrascht, als sie ihn nun durch lebhaftes Winken ermutigte und ihn mit bezaubernder Freundlichkeit bat, doch einen Augenblick Platz zu nehmen.

Das tat der schüchterne Jüngling natürlich mit Vergnügen, obwohl er lächelnd betonte, er könne nur einen Augenblick bleiben, da er eigentlich eine Verabredung im Select habe. Maggie war plötzlich aus ihrer Lethargie erwacht und plauderte angeregt mit André, mit Fred, mit dem Chinesen. Sie funkelte ordentlich vor Lebendigkeit, und Herr Wang konnte seine sanften Mandelaugen nicht von ihr abwenden.

Er bestellte einen Café Crème, den er gleich zu bezahlen wünschte. »Alles zusammen?«, fragte der Garçon, dem solche ausdauernden Gäste vor unbezahlten Getränken aus einer langen Erfahrung heraus verdächtig waren.

»Natürlich, alles zusammen«, sagte Herr Wang, sehr beglückt darüber, daß er endlich eine Gelegenheit fand, seiner heimlich Angebeteten eine Höflichkeit zu erweisen, und legte das Geld auf den Tisch. Maggie kniff André unter dem Tisch; Fred plauderte höflich mit Herrn Wang über seine Studien, über seine Pariser Eindrücke und das Leben in China. Herr Wang schielte auf Maggie und gab ziemlich flüchtige Antworten, was aber unwichtig war, da Fred ohnehin nicht zuhörte.

Das Kuchentablett wurde wieder vorbeigetragen. Den neuen Gast bemerkend, blieb das servierende Mädchen stehen. Herr Wang dankte, nein, er aß jetzt keinen Kuchen, aber Madame vielleicht. Er sah dabei Maggie so bittend an, als geschehe ihm eine große Ehre, wenn sie sich ein Stück Kuchen aussuchte.

»Siehst du, André«, rief Maggie begeistert aus, »was hab ich gesagt? Nun komm ich doch noch dazu, meinen Chinesen zu essen!«

Und schon griff sie nach dem runden, goldbraunen Gebäck und biß mit gesunden Zähnen heißhungrig hinein, so daß die weiße Krume mit zahlreichen Korinthen sichtbar wurde.

Indessen zahlte Herr Wang. Aber er lächelte plötzlich nicht mehr, sondern sah recht blaß und verstört aus. Gleich darauf stand er auf und verabschiedete sich mit feierlicher Verbeugung. Maggie bekam noch einen fast schmerzlichen Blick.

»Du hast ihn gekränkt«, sagte André vorwurfsvoll. Maggie hatte gar nichts bemerkt, viel zu erfreut über die Erfüllung ihres Wunsches. »Doch, natürlich hast du. Er kann zwar französisch, aber was ein Chinese ist, hat er offenbar nicht gewußt. Und wenn er dann auch gemerkt hat, daß du nicht ihn persönlich verspeisen wolltest, dann ist er eben doch zartbesaitet genug, um selbst diese symbolische Behandlung noch als Kränkung zu empfinden.«

Aber Maggie war nicht sentimental aufgelegt. »Ein Glück ist's, daß ich nicht mit ihm verheiratet bin«, sagte sie trocken, »er käme aus dem Kummer nicht heraus. Aber wenigstens hat er uns heute abend gerettet! Und nun können wir endlich heimgehen.«

Und dann schlenderten sie zufrieden über den Boulevard Montparnasse, unter dem blassen Nachthimmel der wunderbaren und unerschöpflichen Stadt Paris.

Luise Straus und der
Druckereibesitzer Heinrich Augustin
Paris 1937

Skandal um ein Skelett

Wenn der Polizeikommissar nach der Mittagspause in den Dienst zurückkkam, war er meist schlechter Laune. Selbst der starke Kaffee konnte die erschlaffende Wirkung der reichlichen Mahlzeit nicht aufheben, besonders, da diesem Kaffee ein Gläschen Rum zugesetzt zu werden pflegte. So fuhr er den Arbeiter ziemlich ungnädig an, der ihn schon erwartet hatte und sichtlich fassungslos seine Meldung stammelte.

»Sprechen Sie deutlich«, bellte er ungeduldig; »ich verstehe immer Skelett.«

»Jawohl, Herr Kommissar«, sagte der Arbeiter. »Das hab ich auch wirklich gesagt.«

»Bei Ihnen ist wohl eine Schraube los. Zuviel Rotwein getrunken beim Frühstück, wie?«

Aber der Arbeiter blieb mit einer Mischung von Grauen und Sensationslust bei seiner Meldung. Er hatte tatsächlich beim Ausschachten für die neue Gasleitung am Rande des Ortes ein Skelett in der Erde gefunden. Jawohl, etwa zwei Meter tief.

Solche außergewöhnlichen Begebenheiten paßten dem Kommissar nun gar nicht. Er pflegte mit höhnischem Lächeln die Mordberichte in den Großstadtblättern zu lesen und sich dabei diebisch zu freuen, weil in seinem stillen Ort, eine halbe Autostunde von Paris, solche Dinge nicht vorkamen, die den Dienst nur überflüssig komplizierten.

»Was hat das Gesindel hier zu suchen«, knurrte er. »Hier wohnen anständige Leute.«

Aber der Arbeiter machte ihn bescheiden darauf aufmerksam, daß es sich kaum um ein Verbrechen handeln könne, dessen Urheber noch am Leben sei. Und überhaupt konnte der Tote ja auch eines natürlichen Todes gestorben sein.

»Wem gehört das Grundstück?«, fragte der Kommissar.

»Es gehört zum Gemüsegarten von Madame Trolew.«

»Natürlich«, murmelte der Kommissar. Der Arbeiter grinste vielsagend dazu.

Nun war zwar dieser Frau Trolew eigentlich nicht das Geringste nachzusagen. Aber eine Frau, die allein lebt, hin und wieder Besuche empfängt, sogar von jungen Leuten, dazu noch eine Fremde, – die muß man doch mit Mißtrauen betrachten. Es tut dabei gar nichts, daß sie ihr Häuschen schon seit dreißig Jahren bewohnt und nie jemandem zur Last fällt. Das Mißtrauen bleibt. Man weiß nichts von ihr. Schon das macht sie verdächtig. Manchmal verschwindet sie für ein paar Tage. Nach der Rückkehr pflegt sie beim Einkauf in der Metzgerei oder in der Bäckerei zu erzählen, daß sie ihre Familie aufgesucht habe. Aber kaum hat sie den Laden verlassen, da lächelt alles hinter ihr her. Man weiß es besser. Tatsächlich hat man zwar keine Ahnung, aber eben darum tut man so.

Für den Kommissar ist es ganz selbstverständlich, daß man auf den Grundstücken anständiger Leute niemals ein Skelett finden würde. Aber es muß schließlich etwas geschehen. »Die Stelle soll abgesperrt werden«, ordnet er an und betraut einen seiner jungen Beamten mit der Ausführung dieses Befehls.

Diesen Assistenten Perrin mag der Kommissar nicht besonders leiden. Er hat sonderbare Passionen. Abends hört man ihn in seiner Wohnung Geige spielen. Auch pflegt er in der Polizeiwachstube dicke Bücher zu lesen, ein ledernes, gelehrtes Zeug, das der Kommissar in einer neugierigen Minute einmal durchblätterte, doch entsetzt von sich schob. Solche Erholungsmethoden sind doch offenbar nicht normal.

Inzwischen telephoniert der Kommissar mit Paris, macht die dienstliche Meldung, und kurz darauf trifft ein Auto mit der Mordkommission sowie ein kleines Lastauto vom Kriminallaboratorium ein. Beide werden zu der Fundstelle dirigiert. Die Beamten beginnen zu zeichnen, zu messen, zu photographieren. Die Sache zieht sich in die Länge. Der Kommissar wird ungeduldig. Die Stunde des abendlichen Aperitifs naht. Und seine Frau hat gerade heute kleine Fleischpasteten vorbereitet. Die dürfen ja nicht zu lange im Backrohr bleiben. Aber was hilft's? – Dienst ist Dienst.

Endlich hat die Mordkommission ihre umständlichen Feststellungen beendet. Mit allen Vorsichtsmaßnahmen wird das Skelett, zusammen mit den daran hängenden Erdklumpen gehoben, in eine längliche, offene Kiste gelegt und in den Lastwagen geschoben. Die Autos fahren ab. Der Kommissar eilt zu seinem Aperitif. Der Assistent bleibt noch eine Weile an der Grube stehen und starrt nachdenklich auf das lockere Erdreich. Dann bückt er sich nieder, hebt einen kleinen Gegenstand auf und steckt ihn in die Tasche. Es sah aus wie ein Stoffetzen.

Nach zwei Tagen kam der Bescheid des Gerichtsarztes. Das Skelett, das keine besonderen Merkmale trug und ziemlich gut erhalten war, war das eines jungen Mannes und mußte etwa zwanzig Jahre in der Erde gelegen haben. Die Nachricht kam in die Zeitung. Und nun fing ein Überlegen und Mutmaßen an. Vor zwanzig Jahren war Krieg. Immerhin hatte so nahe von Paris keine Schlacht stattgefunden. Wie also war das Skelett an diese Stelle gekommen? Also doch ein Geheimnis! Ein Mord, ganz gewiß! Es flüsterte an allen Ecken. Natürlich wurde Madame Trolew zum Kommissariat bestellt. Gelassen saß sie da, eine blühende Frau, Ende der fünfziger Jahre, in dunklem Kostüm und hochgeschlossener Bluse, einen kleinen, schwarzen Filzhut auf rötlichem Haar.

Ruhig beantwortete sie die Fragen des Kommissars. Ab und zu wendete sie sich etwas nervös zu dem Assistenten Perrin um, weil das Klappern der Schreibmaschine sie störte, mit der er das Protokoll aufnahm. Doch im übrigen ließ sie sich von dem lauernden Ton des Kommissars durchaus nicht beirren. Ja, sie hatte während des Krieges mehrfach den Sohn ihrer verstorbenen Schwester zu Besuch gehabt, der im französischen Heer diente und seinen Urlaub bei ihr verbrachte. – Und wo ist er jetzt? – Er lebt in Rennes mit seiner Familie. – Brachte er manchmal Freunde mit? – Ja, hin und wieder, – Natürlich erinnerte sich Frau Trolew weder an die Namen dieser Freunde noch wußte sie, was aus ihnen geworden war. – Der Kommissar stellte diese Tatsache mit hämischem Lächeln fest.

»Aber Sie glauben doch nicht etwa, Herr Kommissar, ich könnte …«

»Wir glauben gar nichts«, erwiderte der Kommissar eisig, »aber bald werden wir wissen.« Wenn ihm schon diese lästige Angelegenheit aufgehalst wurde, wollte er wenigstens etwas davon haben. »Im Übrigen«, fuhr er würdevoll fort, »würden Sie Ihre Lage sehr verbessern, wenn Sie offen erzählen wollten, wie das Skelett auf Ihr Grundstück gekommen ist«.

»Aber wenn ich es doch nicht weiß …«

»Um so schlimmer für Sie, Madame.«

Von einer Verhaftung sah man zunächst ab, da kein Fluchtverdacht vorlag. Man erhob auch noch keine Anklage. Ein weiteres Verhör verlief ebenfalls ohne Ergebnis. Aber während die Behörden noch eine Lösung abwarteten, hatte das Volk sein Urteil schon gefällt.

Ob man sie auf der Straße grüßte oder nicht, darauf hatte Madame Trolew nie besonders geachtet. Auch als der Bauer, bei dem sie die Milch zu holen pflegte, ihr erklärte, seine Kuh sei krank, fiel ihr noch nichts auf. Aber der Metzger machte weniger Umstände. Als Madame Trolew zum täglichen Einkauf seinen Laden betrat, wurde sie einfach nicht bedient. Alle Umstehenden bekamen ihr Beefsteak, ihre Hammelkeule, ihren Pot-au-feu – nur Madame Trolew stand dazwischen, als wäre sie gar nicht da. Man sah durch sie hindurch wie durch Glas. Beim Bäcker, beim Épicier ging es ähnlich.

Am andern Tag nahm sie den Autobus und machte ihre Einkäufe im nächsten Ort. Als sie heimkam, fand sie mehrere Fensterscheiben ihres Häuschens zertrümmert und das Zimmer voll Steine und feuchter Erdklumpen. Sie beschwerte sich darüber beim Kommissar. Daraufhin wurde zwar ein Polizist in der Nähe postiert, aber am nächsten Morgen lag doch wieder in ihrem Zimmer allerlei Unrat, der durch die zerbrochenen Scheiben geworfen worden war. Und es fand sich kein Glaser bereit, den Schaden auszubessern.

»Lächerlich«, sagte beim Bäcker die Frau des Apothekers ganz laut, »daß man so etwas frei herumlaufen läßt. Wenn ein armer Teufel ein paar Franken gestohlen hat, gleich sitzt er fest. Aber die großen Verbrecher läßt man laufen.«

»Ja«, fragte die sanfte, junge Frau des Arztes. »Hat sie es denn wirklich getan?«

»Natürlich, wer denn sonst? Auf ihrem eigenen Grundstück! Aber wer weiß, was die für eine Protektion hat, daß ihr nichts geschieht. So eine – «

»Und übrigens«, fiel eine ehrbare Witwe ein, »können Sie gar nicht mitreden, meine Liebe. Denn Sie sind erst nach dem Kriege hierher gezogen. Ich erinnere mich noch sehr wohl an einen Abend, an dem alle Fenster bei Madame Trolew hell erleuchtet waren und ein toller Lärm dort gemacht wurde. Am nächsten Tag war der angebliche Neffe verschwunden und seine Freunde auch.«

»Vielleicht war ihr Urlaub zu Ende, und sie hatten Abschied gefeiert«, wandte die Doktorsfrau schüchtern ein.

»Wenn Sie das glauben«, zischte die ehrbare Witwe und rauschte hoch aufgerichtet aus dem Laden.

Nun hätte ja Madame Trolew vor diesem Ansturm an Verleumdungen und Belästigungen einfach zu ihren Verwandten nach Rennes flüchten können. Aber sie hatte versprechen müssen, sich zur Verfügung der Behörden zu halten. Und dann war ja auch ihr Gewissen wirklich rein. Wie schwer es ist, sich von einem solchen Verdacht zu reinigen, hatte die gute Frau allerdings nicht bedacht. Und ihre Situation war viel bedenklicher, als sie selbst ahnte. Unter dem Eindruck der »kochenden Volksseele«, über deren Zustand seine Frau ihm ausführlich Bericht erstattete, hatte der Kommissar nun doch in Paris einen Haftbefehl verlangt. Da geschah etwas Unerwartetes.

Eines Tages bat der Assistent Perrin den Kommissar um eine dienstliche Unterredung. Mißtrauisch wurde sie gewährt. Schon wieder eine Komplikation?

Perrin legte ohne ein Wort seinem Chef einen Brief und ein Päckchen vor. »Direction des Beaux-Arts. Musée Saint-Germain« stand auf dem Briefkopf.

»Lassen Sie mich mit Ihren albernen Liebhabereien in Ruhe«, knurrte er.

»Es handelt sich aber nicht um eine Spielerei, Herr Kommissar«, sagte Perrin sanft, »sondern um Tatsachen; Tatsachen, die den Dienst betreffen.«

Wohl oder übel mußte der Kommissar sich nun in den Brief vertiefen, er las: »Das von Ihnen zur Prüfung übersandte Broncestück ist römischen Ursprungs und zwar ein Teil von einer Gewandspange aus der Zeit Diocletians. Was den Stoff anbelangt, so handelt es sich ohne Zweifel um ein Gewebe, das für die Kapuzenmäntel der gallischen Bauern verwendet wurde.«

Das wohlgenährte Gesicht des Kommissars lief rot an. »Sie wollen mich wohl zum Narren halten«, fuhr er los. »Was geht mich das Gefasel an?«

»Sehr viel, Herr Kommissar, es betrifft nämlich das Skelett. Als die Mordkommission da war, fiel während des Aufladens ein Stoffetzchen herunter, an dem ein Bronzestück befestigt war. Ich hob es auf und da es mir interessant vorkam, schickte ich es nach Saint-Germain zur Untersuchung. Sie wissen sicher, daß dieses Institut Weltruf besitzt.«

Das interessierte den Kommissar zwar nicht besonders, aber nun regte sich der Vorgesetzte in ihm. »Sie haben eigenmächtig gehandelt«, grollte er. »Sie hätten mir das Stück sofort geben müssen. Ich werde Ihr unvorschriftsmäßiges Verhalten melden.«

»Ich konnte Ihnen das Stück leider nicht geben, Herr Kommissar«, erwiderte immer noch sehr sanft Perrin. »Denn als ich es fand, waren Sie bereits fortgegangen.«

Der Kommissar biß auf seinem Schnurrbart herum. Natürlich, er war auch unkorrekt gewesen. Er hätte nach der Abfahrt der Mordkommission den Fundort noch inspizieren müssen. Aber die Fleischpasteten im Backofen! – Er überging also die verwerfliche Handlung seines Untergebenen mit Stillschweigen. Doch es gab noch Angriffspunkte genug.

»Das würde also heißen, daß das Skelett bei Lebzeiten ein Gallier war; daß es nicht zwanzig, sondern beinahe zweitausend Jahre in der Erde gelegen hätte?«

»Allerdings, Herr Kommissar.«

»Und der Gerichtsarzt hätte sich also getäuscht?«

»Gründlich sogar. Er hat nämlich nicht daran gedacht, den Boden zu untersuchen. Sie wissen zweifellos, Herr Kommissar, daß bei einer bestimmten Zusammensetzung des Erdreichs Skelette sich außerordentlich lange halten. Diese seltene Zusammensetzung haben wir, wie ich festgestellt habe, hier.«

»Natürlich«, nickte der Kommissar. Er hatte zwar bisher keine Ahnung von diesen Dingen gehabt. Aber vor einem solchen Triumph der Wissenschaft mußte man wohl ein wenig den Eingeweihten spielen. Besonders, wenn dieser Triumph auch noch auf Kosten des Gerichtsarztes ging, dessen überlegenes Getue den Kommissar schon oft geärgert hatte.

»Ich werde also in Paris Meldung machen«, fuhr er sachlich fort. »Es wird wohl am richtigsten sein, wenn ich angebe, daß die Expertise auf meine Veranlassung gemacht worden ist.«

Da hatte Perrin seinen Hieb doch noch bekommen. Nicht er, der Untergebene, durfte den Entdeckerruhm für sich beanspruchen. Gewiß würde nun der Kommissar für seine Umsicht und Initiative gelobt, vielleicht sogar befördert werden.

»Wenn ich mir eine Bemerkung erlauben dürfte«, warf Perrin bescheiden ein, »dann sollte man wohl doch zuerst im Pariser Laboratorium unsern Stoffetzen mit den anderen vergleichen, die sich noch bei dem Skelett befinden. Erst dann gehen wir ganz sicher, daß es sich bei meinem Fund nicht um einen Zufall handelt. Auch wäre es wohl nützlich dem Rapport hinzuzufügen, daß in dieser Gegend um 280 n. Chr. eine Schlacht zwischen den Römern und einem aufsässigen Keltenstamm, den Bagauden, stattgefunden hat. Daß das Skelett das Gesicht nach Osten gerichtet hatte, ganz nach keltischem Brauch, das werden die Herren in Paris ja selbst bemerkt und photographiert haben.«

Der Kommissar starrte seinen jungen Assistenten verblüfft an: »Woher wissen Sie das alles?«

»Aus meinen Büchern, Herr Kommissar.«

Der Kommissar war entzückt über diese Möglichkeiten der von ihm stets so tief verachteten Wissenschaft. Er nahm sich vor, gelegentlich auch einmal ein Buch zu lesen. Man kann nie wissen …

Zunächst wurden also die Vergleiche im Pariser Laboratorium angestellt. Sie fielen zugunsten von Perrins Theorie aus. Es herrschte große Aufregung. Man vertuschte den großen Irrtum des Arztes, so gut es ging. Die Zeitungen schwiegen sich aus. Aber der Klatsch im Ort ruhte nicht.

So hatte sich also der böswillig ermordete Soldat des Weltkriegs in einen jungen, gallischen Krieger verwandelt. Und Madame Trolew hatte mit der ganzen Angelegenheit nichts mehr zu tun, als daß man unglücklicherweise vor 1657 Jahren einen Gefallenen an einer Stelle beerdigt hatte, die einmal ihr Grundstück werden sollte.

Wie vor dem Fund konnte man der guten Frau nicht das Geringste nachsagen, es sei denn, daß sie unauffällig lebte. Aber hatte man ihr dies schon früher, so kam jetzt noch die Enttäuschung über die entgangene Sensation hinzu. Mit tausend kleinen Bosheiten machte man ihr das Leben zur Hölle. Sie mußte sich entschließen, ihren kleinen Besitz zu veräußern und zu ihren Verwandten nach Rennes zu ziehen. Der tote Gallier hatte sie vertrieben.

Die Sensation von Palm Beach

Der Mond stand silbern über dem Mittelmeer. Zwischen den Palmwipfeln, die sich im leisen Nachtwind regten, blinkten große Sterne. Das Meer schlug in langen, perlmutterumsäumten Wellen sanft ans Ufer. Einer Diamantenschnur gleich legte sich eine Lichterkette um die weitgeschwungene Bucht von Cannes.

Doch dieser Hintergrund mochte wohl in seiner stillen Größe manchen unzulänglich erschienen sein, denn sie hatten eine hohe Stuckwand davorgebaut, die eine Bühne begrenzte und von grellen Scheinwerfern angestrahlt wurde. Zwischen dieser Wand und dem vorgezogenen Dach der Casinoterrasse spannte sich nun ein tiefschwarzblaues Zelt, der samtige Nachthimmel. Braungeschminkte Männer in hellblauen Puffarmelblusen mit knallroten Halstüchern säuselten Jazzmusik, während unzählige weiß gekleidete Kellner auf der Terrasse das späte Diner zelebrierten. Sie schwebten mit hocherhobenen Tabletts zwischen den Tischen hin, neigten sich beflissen über Silberfuchscapes, Kahlköpfe, Lockenfrisuren und nackte Schultern. Die Gesichter, die von diesem köstlichen Pelzwerk, den juwelenfunkelnden Locken und blanken Glatzen eingerahmt wurden, waren puppenhaft leer. Münder bewegten sich fast unmerklich, essend, plaudernd; Augen mit blaugefärbten Lidern hoben und senkten sich vorsichtig, weil in der Wärme das Rimmel sich aufzulösen drohte. Eine schmale, sonnenbraune Hand mit silbern gelackten Nägeln hielt sekundenlang einen Champagnerkelch in der Schwebe. Zögerte die Dame zu trinken? Oder wollte sie nur das Kunstwerk dieser vollendet geformten Hand, die dunkel aus dem blendendweißen Ärmel der

Abendjacke sich reckte, durch die Reflexe des Glases auf den Silbernägeln noch besser zur Geltung bringen?

Bob betrachtete einen Augenblick dieses Spiel. Wie bezaubernd hätte das sein können, wäre die Idee – vermutlich einfach die Idee einer geschickten Manucure! – nicht so bewußt zur Schau gestellt worden! Bob kam aus dem Spielsaal, schlenderte unentschlossen zwischen den Tischen. Nein, es war unmöglich, sich zwischen diesen Götzenbildern niederzulassen: Er wandte sich zur Bar, überblickte von dem hohen Hocker aus die helle Terrasse. Der Rhythmus der Musik war lebhafter geworden. Auf der bestrahlten Bühne tanzten jetzt einige Paare.

Bob goß seinen Whisky hinunter und hatte in der lau duftenden Süße des Abends plötzlich ein Gefühl des Erstickens. Was für ein Marionettenspiel dies alles! Gab es denn hier außer ihm niemand, der das empfand? Lebten diese Menschen nicht? Die meisten von ihnen hatten schöne Villen in der Umgebung mit Terrassen, mit blühenden Gärten, mit Springbrunnen und Blicken aufs Meer. Warum genossen sie nicht dort den bezaubernden Abend? Sie gaben unwahrscheinlich viel Geld aus, um sich in diese künstliche Atmosphäre flüchten zu dürfen. Aber vor was eigentlich waren sie auf der Flucht?

Bob stand von der Bar auf, trat auf die Seitenterrasse, die im Dunkel neben dem Schwimmbecken lag. Von einem Sessel aus sah er das Tanzpaar, das nun auf der Bühne die Attraktionen einleitete. Mit akrobatischen Sprüngen und wieder mit schmelzendem Hinschweben suchten die beiden das Publikum hinzureißen. Der rote Rocksaum des langen Tanzkleides flatterte wellig auf. Der Tänzer im Frack gab unmerkliche Hilfsstellungen. Die Dame sauste im Wirbel durch die Luft, er hielt sie eisern. Das Lächeln auf den gespannten Zügen verzerrte sich. Dann standen sie nebeneinander, zierlich sich verneigend. Dünnes Beifallgeplätscher dankte aus dem Publikum. Die meisten Hände rührten sich nicht. Man nahm gnädigst Notiz davon, daß eine Nummer des Programms beendet war. Das Tänzerpaar zog sich mit strahlendem Lächeln zurück. Gleich darauf sah Bob die beiden mit taumelnden Schritten in den Garderoben hinter dem Schwimmbad verschwinden.

Bob seufzte ärgerlich. Warum war er überhaupt hierher gekommen? Hätte er nicht lieber ein nächtliches Bad im Meer nehmen sollen? Aber so etwas konnte man schließlich auch hier tun. Zwar war das um diese Zeit nicht gerade die von der Gesellschaft genehmigte Form der Zerstreuung. Doch wer würde es verbieten? Man würde es nicht einmal bemerken. Sandalen, Leinenhosen und Seidenhemd waren rasch abgelegt. Schon war er in seinem weißen Slip über die Brüstung gesprungen und teilte mit langen Stößen die dunkle Flut, die im Silberlicht des Mondes schimmerte. Verloren klangen ein paar Rumbatöne herüber, wie aus einer anderen, dummen Puppenwelt. Wie gut war es, den weichen Widerstand des Wassers mit den Armen zu brechen. Jede Bewegung schmeichelte und kühlte. Auf dem Rücken treibend sah er die wiegenden Palmwipfel, die großen, stillen Sterne am dunklen Himmel. War es möglich, so wunschlos einig zu sein mit sich und der Welt? Er prustete leise vor Behagen und strampelte sich gemächlich vorwärts.

Inzwischen war das Bühnenprogramm bei der Schlangendame angelangt. Mit winzigen Stückchen blitzenden Lamés notdürftig bekleidet, führte sie unter schmeichelnder Musikbegleitung wilde Verrenkungen aus. Sie fand noch weniger Interesse als die andern Nummern. Die Langeweile war so allgemein, daß man sie gar nicht mehr spürte.

Niemand wußte später, wer zuerst das Glucksen und Plätschern drüben im dunklen Schwimmbecken vernommen, wer sich zuerst verstohlen umgedreht hatte. Ein paar Köpfe wandten sich vorsichtig zur Seite, man flüsterte, zuerst mit den Tischgenossen, dann – wer hätte es für möglich gehalten? – mit wildfremden Leuten von Tisch zu Tisch. Man lächelte, zuerst ungläubig, dann nachsichtig, spöttisch, leicht schockiert.

In diesem Augenblick hatte Bob, der von dem Aufruhr nichts hatte bemerken können, genug geschwommen und stieg zu dem Sprungbrett empor, um sich mit ein paar Turnbewegungen rascher zu trocknen. Die Schlangentänzerin im Scheinwerferlicht arbeitete längst unter Ausschluß der Öffentlichkeit. Alles drängte gegen die Brüstung. Damen stiegen auf Stühle und Tische. Eine Hermelinjacke schleifte unbeachtet am Boden; ein dicker Herr trat in eine Schleppe aus Brokat, die Tausende gekostet hatte; ein Umhang aus blauen Straußfedern wurde eingerissen, weil seine Trägerin nicht schnell genug auf die Balustrade klettern konnte; künstlich befestigte Blumen lösten sich aus schöngefärbten Frisuren. Niemand nahm Kenntnis von diesen kleinen Mißgeschicken, von denen jedes unter andern Umständen eine Katastrophe bedeutet hätte. Niemand hatte Augen für etwas anderes als dies Unerhörte: einen jungen Mann, der mit feuchtglänzender Haut im Mondschein auf einem Sprungbrett stehend die Arme langsam hob und senkte. – Nicht, daß dieser Jüngling schön war wie eine antike Statue, sondern daß diese Schönheit ohne jede Absicht, ohne Bewußtsein ihrer selbst sich zeigte, das mochte es sein, was jene Marionetten auf der Terrasse zu so unerwarteter Bewegung erweckt hatte.

Die Keller hatten sich, eine schreckensbleiche Gruppe, in einem Winkel zusammengedrängt wie eine Viehherde vor dem Gewitter. Fassungslos erwarteten sie ein himmlisches Strafgericht für diesen frechen Bruch heiligster Überlieferungen. Doch kein Blitz fuhr aus dem sternbesäten Himmel auf den Frevler herab. Er schien sich jetzt erst der allgemeinen Aufmerksamkeit bewußt zu werden. Denn er ließ zögernd die Arme sinken. Zugleich vernahm er eine bellende Stimme: »Kommen Sie sofort herunter! Das Schwimmbad ist jetzt geschlossen.«

»Nein«, rief Bob ruhig zurück, »es war offen wie immer. Und Beleuchtung brauche ich nicht.«

»Aber Sie dürfen das Innere nicht mit Schuhen betreten.« Dies war nämlich das einzige Verbot, das in der Eile anwendbar war. Denn man hatte nicht einmal die Möglichkeit ins Auge gefaßt, daß jemand nachts und ungesehen Lust zum Schwimmen haben könnte.

»O bitte, meine Sandalen hab ich draußen schon abgelegt. Suchen Sie sie nur.«

Immerhin stieg Bob vom Sprungbrett hinab und war sehr erstaunt, hinter der Bellstimme den geschniegelten Empfangschef zu entdecken, der ihn in der Eingangshalle mit höflichem Gesäusel zu begrüßen pflegte.

Inzwischen hatten nun ihrerseits die Gäste die Brüstung zum Schwimmbad überstiegen und umdrängten den Empfangschef. Mit etwas zerzausten

Haaren, verrutschten Schulterbändern und zerdrückten Hemdbrüsten bestürmten sie ihn mit Fragen. »Wie ist das nur möglich?« – »So mitten in der Nacht!« – »Welch ein Skandal!« – Eine junge Amerikanerin wagte sogar die unschuldige Frage: »Warum hat man ihn nicht gelassen?«, fand aber wenig Verständnis.

Bob war still in Hemd und Hose geschlüpft und schlenderte längst gelassen über die Promenade, während im Casino das Fragen und Überlegen mit viel Gezeter und Geschnatter in allen Sprachen kein Ende nehmen wollte.

Noch Tage lang wurde in den Palasthotels an der Croisette und in den Villen der Umgegend von nichts anderem gesprochen als von der Sensation im Palm-Beach-Casino. Doch keiner unter dem erregten Häuflein hätte die Ursache dieser Sensation erklären können:

Unbekümmert um Vorurteile und kleinliche Verlogenheiten hatte ein lebendiger junger Mensch sich natürlich benommen. Und er hatte nicht einmal bemerkt, daß er mit dieser einfachen Geste eine ganze künstliche Welt zerschlagen hatte.

Die Abiturientin Luise Straus
Köln 1912

40 Orchideen

Gabrielle Dumoulin war schon im Abendkleid, als der Korb abgegeben wurde. Kurzsichtig beugte sie sich darüber. »Lisette«, rief sie, »haben Sie das Gemüse bestellt?«

Die Zofe eilte herbei, sah den Korb an und kicherte: »Aber, Madame, das ist doch gar kein Gemüse, es sind lauter Orchideen.«

»So viele?«, wunderte sich Frau Gabrielle. »Von wem denn?«

Die Zofe kauerte nieder und begann zunächst eifrig zu zählen. »... zwanzig, fünfundzwanzig, achtundzwanzig, dreißig, vierzig. Jawohl, Madame, es sind vierzig Stück und noch viel Grün dazwischen. Hier ist auch eine Karte.«

»Roland de Tibourg«, murmelte Frau Gabrielle überrascht. Und dann las sie in einer feinen, etwas altmodischen Schrift: »Nehmen Sie, liebe Freundin, diese wenigen Blumen als Zeichen meiner Verehrung und mit meinen respektvollsten Weihnachtswünschen.« ... »Sieh mal an, das hätte ich nicht gedacht.«

»Sie sind wunderbar und bestimmt sehr teuer«, plauderte die vorlaute Lisette, »aber ich glaube, Madame müßte jetzt gehen, um zur Weihnachtsgesellschaft nicht zu spät zu kommen. Vielleicht steckt Madame zwei von den Orchideen an; wahrscheinlich ist doch Herr de Tibourg auch bei den Pinauds eingeladen, und dann sieht er gleich, wie Madame sich gefreut hat.«

Frau Gabrielle vergaß völlig, Lisette wegen ihres überflüssigen Geplappers zu tadeln, und ließ sich geduldig von ihr die Orchideen zwischen die schön drapierten Schulterfalten des braunroten Abendkleides stecken.

»Wie schön das Braun und Violett der Blumen in dem Samt aussieht«, lobte Lisette. »Madame wird bestimmt heute abend Erfolg haben.«

Roland de Tibourg nahm aber nicht an der Pinaud'schen Gesellschaft teil. Um so mehr Zeit und Muße hatte Frau Gabrielle, über diese überraschende Aufmerksamkeit nachzudenken. Gewiß, sie kannte Roland de Tibourg seit langer Zeit. Er war ein Freund ihres frühverstorbenen Gatten gewesen, hatte sie auch hinterher manchmal besucht und ihr in durchaus schicklicher Form ein wenig den Hof gemacht. Aber vierzig Orchideen – das ging doch wohl über das Maß einer konventionellen Höflichkeit hinaus. Besonders wenn man wußte, daß Herr de Tibourg allgemein für ganz besonders sparsam, ja für geizig galt. Ganz entschieden redeten die Orchideen eine zwar stumme, doch deutliche Sprache.

Frau Gabrielle lächelte vor sich hin und musterte sich verstohlen in einem der zahlreichen Wandspiegel, mit denen das Pinaud'sche Haus ausgestattet war. Sie sah immer noch recht gut und stattlich aus. Schließlich, warum sollte sie nicht einem Mann ebenso gut gefallen wie diese albernen jungen Dinger, die da in ihren hellen Taftkleidern herumhopsten?

Frau Gabrielle war an diesem Weihnachtsabend keine besonders unterhaltende Gesellschafterin. Aber sie langweilte sich keinen Augenblick. Denn sie war mit den angenehmsten Gedanken beschäftigt.

Doch auch Frau Gabrielle war eine sparsame Frau – war das nicht sogar eine Seelenverwandtschaft mit Roland de Tibourg, den sie im Stillen schon als ihren »guten, alten Freund« bezeichnete? So fand Lisette ihre Herrin schon zeitig am Weihnachtsmorgen über den Kübel im Vorzimmer gebeugt, in dem die Orchideen die Nacht über aufbewahrt worden waren.

»Soll ich Madame helfen, die Blumen auf die Zimmer zu verteilen?«, fragte sie.

»Nein, Lisette, ich denke mir, wenn wenige davon auf meinem Schreibtisch stehen, wird das genügen, selbst wenn Herr de Tibourg mich besuchen sollte. Aber mit den andern könnte ich manchen meiner Bekannten eine Weihnachtsfreude bereiten. Binden Sie sie doch bitte in kleine Buketts zu zweien ab und nehmen Sie dazu von dem Grün, das im Korbe liegt.

Sogar Seidenpapier ließ man irrtümlich darin. Das kommt uns gut zurecht.«

Während Lisette den Befehl ausführte, schrieb Frau Gabrielle zahlreiche Glückwunschkärtchen mit den Adressen ihrer Bekannten, und dann wurde Lisette auf den Weg geschickt.

Ein wenig später am Vormittag telephonierte Roland de Tibourg, erkundigte sich nach Madames Befinden und fragte, ob er persönlich seine Weihnachtswünsche aussprechen dürfe. Das wurde ihm natürlich hoheitsvoll gestattet. Und gegen Mittag klingelte er an Frau Gabrielles Wohnung. Sie mußte ihm selbst die Tür öffnen, da Lisette von ihrem Rundgang noch nicht zurückgekehrt war, und geleitete ihn in den Salon.

Bald saß er in einem Fauteuil, ein Gläschen Sherry vor sich, klemmte sein Monokel ein und sagte: »Wundervoll sehen Sie wieder aus, Frau Gabrielle. Wie gut Ihnen dieses rote Kleid steht! Und Ihr Teint ist frischer als je.«

»Wie soll man nicht gut aussehen«, lächelte Frau Gabrielle geschmeichelt, »wenn man zu Weihnachten so verwöhnt wird wie ich … Sehen Sie«, fuhr sie plaudernd fort, »da stehen Ihre herrlichen Orchideen, mit denen Sie mich so erfreut haben.«

»Ach die paar Blumen«, wehrte Herr de Tibourg bescheiden ab.

Doch in ihrem schlechten Gewissen legte Frau Gabrielle die Bemerkung falsch aus. »Die andern«, sagte sie eifrig, »wollte ich ganz nahe bei mir haben. Sie stehen in meinem Ankleidezimmer.«

Herr de Tibourg sah sie ein bißchen blöd an: aber das fiel ihr weiter nicht auf. Sie wartete ja auf etwas. Und richtig – nun nahm er einen Anlauf und brachte mit einigen Anstrengungen hervor: »Liebe, verehrte Freundin, eben wegen der Blumen möchte ich mit Ihnen sprechen.«

»Aber bitte«, hauchte Frau Gabrielle, »was gibt es denn so Geheimnisvolles?« Und sie sah ihn mit verschämtem Lächeln an, während die Hände nervös den Stoff des Kleides glatt strichen.

»Ja also, nämlich, es ist da etwas recht Dummes passiert. Sie wissen, meine Liebe, daß ich mit meinen Einkünften sehr haushalten muß.«

»Natürlich, natürlich«, bekräftigte Frau Gabrielle, immer noch optimistisch.

»Ja, und da also habe ich einen ganzen Korb Orchideen in der Markthalle gekauft, dessen Inhalt ich an alle meine Freunde und Bekannte verteilen wollte. So konnte ich für einen nicht zu hohen Preis vielen eine Weihnachtsfreude bereiten und meine Verehrung beweisen.«

Frau Gabrielle war blaß geworden, sagte aber nichts.

»Ich gab also«, fuhr Herr de Tibourg, durch dies zustimmende Schweigen ermutigt, fort, »dem Sohn meines Hausmeisters die Blumen nebst zwanzig adressierten Kärtchen. Er sollte sie am Weihnachtsabend, zu kleinen Buketts gebunden, bei allen Freunden abgeben. Aber ist nun der Junge so dumm, daß er mich nicht verstanden hat? Oder habe ich ihm am Ende nicht genug Trinkgeld abgegeben? Kurz, er hat alle Orchideen bei Ihnen abgegeben, denn Sie standen als Erste auf der Liste. Und alle andern haben nur die Glückwunschkarten empfangen. Nun, das werden Sie begreifen, bin ich in einer peinlichen Lage. Denn heute, am Weihnachtstag, sind alle Blumengeschäfte geschlossen. Ich möchte Sie nun sehr bitten, mir die irrtümlich zu Ihnen gebrachten Blumen zu überlassen. Natürlich werde ich Ihnen dann gleich andere schicken.«

»... wenn die Markthalle wieder geöffnet ist, ich verstehe«, ergänzte Frau Gabrielle mit eingefrorenem Lächeln. »Selbstverständlich, lieber Freund, der Irrtum soll gleich wieder gut gemacht werden. Ich muß Sie nur bitten, warten zu wollen, bis meine Zofe wiederkommt, damit sie Ihnen alles zusammenpackt.« Im Stillen hoffte Frau Gabrielle nämlich, daß die findige und lebenskluge Lisette schon eine Lösung für dies überaus peinliche Problem finden würde.

Eben wurde die Etagentür geöffnet. Und in ihrer Erleichterung rief Frau Gabrielle – wie sonst nur, wenn sie allein war: »Sind Sie's, Lisette?«

»Jawohl, Madame«, rief die frische Stimme der Zofe. Und da sie annehmen mußte, daß ihre Herrin allein sei, fügte sie in vertraulichem Ton hinzu: »Alles ist erledigt und abgegeben. Nur die Baronin de Marsac scheint verreist zu sein. Man hat die Tür nicht geöffnet. Da hab' ich die Orchideen, die für sie bestimmt waren, wieder mitgebracht. Wohin soll ich sie stellen?«

Aber Lisette bekam keine Antwort. Sie brauchte auch gar keine. Denn gleich darauf sah sie, wie Herr de Tibourg aus dem Salon trat und sich, sehr blaß, über die Hand von Frau Gabrielle neigte, die noch viel blasser war.

Nie mehr hat Frau Gabrielle ihren Freunden Orchideen zu Weihnachten geschickt.

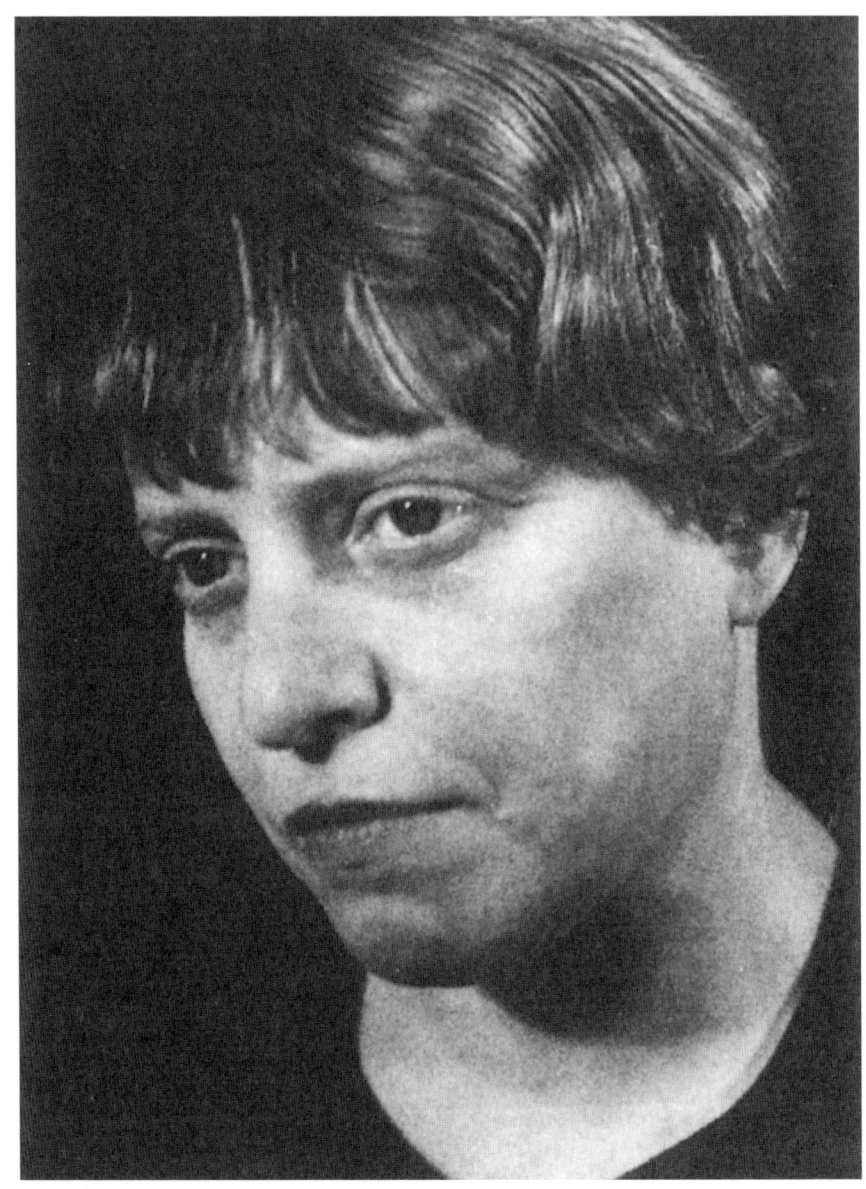

Luise Straus
Paris, um 1936

Pierre Victor Baron v. Besenval
Ein Schweizer Edelmann im Faubourg Saint-Germain

I.

Wenn es Hausgeister gibt – und wer möchte das Gegenteil beweisen? –, dann kann die Schweizer Gesandtschaft in Paris mit dem ihren zufrieden sein. Denn das Haus in der Rue de Grenelle, das seit kurzem die Repräsentations- und Verwaltungsräume aufnimmt, ist nicht nur eines der reizvollsten Baudenkmäler aus dem 18. Jahrhundert. Es ist auch dreißig Jahre lang die Wohnung einer überaus interessanten und charmanten Persönlichkeit gewesen, des Barons v. Besenval, der als Kommandant der Schweizer Garde im vorrevolutionären Paris eine große militärische und gesellschaftliche Rolle gespielt hat. Ihm verdankt das neue Gesandtschaftspalais übrigens auch seine heutige Form. Denn er war es, der in den sechziger Jahren des 18. Jahrhunderts dem ursprünglichen Pavillon ein Oberstockwerk gab, der das reichgezierte Cabinet Doré und die schöne Gartenfassade ausführen ließ und im Kellergeschoß das mit Skulpturen ausgestattete römische Bad einrichtete, von dem damals ganz Paris sprach.

Der Baron v. Besenval ist unter der großen Zahl der Auslandschweizer gewiß eine der charakteristischsten Gestalten, eine Persönlichkeit mit angeborenem Charme, von großer Begabung, wenn auch ohne tiefe Bildung, einer von den Menschen, die immer und überall Glück haben. Eine schöne, strahlende Erscheinung, Witz und Geist in der Unterhaltung, Geschicklichkeit im Umgang brachte ihm gleichermaßen die Achtung der Männer wie die Gunst der Frauen ein. Was das in jener galanten Zeit bedeutete, wissen wir sehr wohl. Und Besenval war sich dessen auch durchaus bewußt, wenn er 1787 einer Dame schrieb: »Nehmen Sie mir mein Glück nicht übel. Der Zufall allein trägt die Kosten und hat mir immer wohl gedient. Ich selbst habe mich niemals eingemischt, wenn nicht etwa eine gewisse Lebenskunst mir die Dinge von der guten Seite gezeigt hat, obwohl man sie auch anders hätte ansehen können.«

Als Sohn eines Obersten der Schweizer Garde aus einer alten Solothurner Familie geboren, wächst der junge Pierre Victor in militärischem Milieu auf, gehört schon neunjährig der Armee an und macht als Dreizehnjähriger seinen ersten Feldzug mit, den polnischen Erbfolgekrieg. Doch das Erbe, das er von den Eltern mitbekommt, ist nicht ausschließlich soldatisch. Die Mutter ist eine polnische Adlige, entfernt verwandt mit dem Hause Lesezinsky. Diese Beziehung zur französischen Königin, die der gleichen Familie entstammte, erleichterte gewiß den späteren gesellschaftlichen Aufstieg Besenvals. Auch mag die Biegsamkeit und Eleganz der polnischen Adelstradition ein gewisses Gegengewicht gegen schweizerische Rauheit und Strenge im Wesen des Jünglings gebildet haben.

Zunächst allerdings bleibt das Soldatentum wesentlicher Inhalt seines Lebens. Als Adjutant des Herzogs v. Broglie macht er 1748 den böhmischen Feldzug mit, wird Maréchal de Camp, nimmt am Siebenjährigen Kriege teil. Er zeigt sich als tapferer und begeisterter Offizier, gibt einmal den mutlos gewordenen Truppen selbst das Beispiel, indem er mit blutenden Händen eine Böschung erklettert, mutig in schwierigen Stellungen aushält.

Doch in jenen Jahren zeigt sich auch zum erstenmal seine Veranlagung zu geistvoller Unterhaltung und literarischer Tätigkeit. Die Offiziere haben in einer Ruhestellung unweit von Wesel eine Art von Akademie gebildet, in der jeder die Erzeugnisse seines Geistes zum besten geben soll. Der junge Leutnant zeichnet sich aus durch eine Reihe sehr graziös geformter kleiner Erzählungen, die zwar, nach Mode der Zeit, meist gewagte Liebesgeschichten zum Thema haben, doch nicht ohne philosophische Haltung und künstlerische Vertiefung sind. Damals entsteht auch der Roman »Spleen«, der mit feiner psychologischer Beobachtung die Enttäuschungen eines jungen Mannes schildert und uns heute noch ein getreues Bild von der Lebensführung jenes frivolen und doch melancholischen Zeitalters vermittelt. Stendal hat dieses Buch sehr geschätzt.

Nach dem Friedensschluß bleibt Besenvals Leben zwar weiterhin militärisch orientiert. Er wendet sich mit großer Intensität der Reorganisierung der Schweizer Regimenter zu, schafft Mißstände ab, erneuert Haltung und Disziplin, erreicht den Abschluß eines günstigeren Vertrags der Kantone mit Frankreich und bietet in einer Zeit persönlichen Ehrgeizes das seltene Bild eines gewissenhaften Offiziers, der ein wirklicher Erzieher seiner Truppen wird, den einfachen Mann zu verstehen sucht und von ihm geliebt wird.

Aber neben dem »Dienst« steht nun ein ausgeprägtes Privatleben. Der Baron v. Besenval beginnt, eine Rolle in der Pariser Gesellschaft zu spielen. Seine schöne Erscheinung, sein würdiges Auftreten verschafften ihm rasch Zutritt zu allen Kreisen, bis hinauf in die unmittelbare Umgebung des Königs. Die Intrigen der Madame Dubarry, die Ludwig XV. völlig beherrscht, lassen ihn zwar keinen Einfluß auf den Monarchen gewinnen. Um so beliebter ist er beim Dauphin und vor allem bei der jungen, lebenslustigen Marie Antoinette, die an dem geistvollen Geplauder, den spöttisch-sarkastischen Bemerkungen des Schweizer Offiziers großen Gefallen findet.

Er ist geschickt genug, dem höfisch gezierten Wesen der andern Kavaliere seine schweizerische Urwüchsigkeit entgegenzusetzen. Der Prinz von Ligne äußert sich einmal sehr ergötzlich über die Koketterie, mit der Besenval seinen Schweizergardenton bewahrte und über seine kleinen Kühnheiten, die ihm so ausgezeichnet standen. Er hat anscheinend wirklich sein Schweizertum an diesem verzärtelten Hof mit Erfolg zur Geltung gebracht. Die Kammerfrau der Marie Antoinette, Madame de Campan, berichtet einmal in ihren Erinnerungen, wie begeistert er stets von seinen heimatlichen Bergen sprach. »Gern hätte er mit Tränen in den Augen den Kuhreigen gesungen.«

Was tut es, daß eine offenbar recht boshafte Dame in einem Brief von ihm bemerkte: »Il n'est bon qu'à être Suisse à la porte de Cythère.« Diese Dame hatte offenbar nicht recht. Besenval hat die Schwelle der »porte de Cythère« oft genug überschritten. Daß selbst die beste Freundin Marie Antoinettes, die Herzogin von Polignac, ihm nicht widerstand, wird offen zugegeben. Die Kaiserin Maria Theresia zeigt sich in einem Brief ehrlich entsetzt über die mangelnde Distanz ihrer Tochter, die ohne Bedenken ihrem Günstling Besenval die intimsten Einzelheiten aus ihrem Leben mit dem König mitteilte. Und eines der vielen Pamphlete, die vor dem Ausbruch der Revolution von Hand zu Hand gingen, bezeichnet Besenval gar als »Stellvertreter des Königs«.

Wie dem auch sei, der Einfluß Besenvals auf die Königin ist offenbar sehr groß gewesen. Daß er sich selbst in seinen Memoiren dessen rühmt, will vielleicht nicht einmal viel besagen. »Ich sprach mit ihr, wie man zu einer Frau von zwanzig Jahren sprechen muß … und beschäftigte mich damit, ihr ihre Rolle einzuprägen, ihr den zukommenden Einfluß zu verschaffen und ihr Glück zu befördern. Ich glaubte sie dazu befähigt, und ich schmeichelte mir, diese Befähigung in ihr zu entwickeln.« Ein eitler Mann mag solche Behauptungen aufstellen. Doch in Besenvals Falle hat der Erfolg sie tatsächlich bestätigt. Denn er nutzt seinen Einfluß aus, um seinen Freunden Stellungen zu verschaffen. Er läßt Minister ernennen und absetzen, schiebt die Herzogin von Polignac auf den vielbeneideten Posten einer Gouvernante bei den königlichen Kindern.

So steht er mitten in diesem Leben voller Intrigen und Kabalen, das sich im Petit Trianon konzentrierte, nimmt teil an Konzerten, Maskeraden, Schäfereien, Festen und Komödien. Hier allerdings sieht er schärfer als alle andern. Man möchte die »Hochzeit des Figaro« von Beaumarchais aufführen. Besenval widerspricht, denn er erkennt die Gefahr, die darin liegt, daß Aristokraten selbst das Glück aufführen, das sie so bitter verspottet. Besenval siegt. Der König verbietet die Aufführung am Hofe. Und der »Figaro« wird auf dem Privattheater des Herrn von Vaudreuil gespielt. Beaumarchais wechselt ein paar unangenehme Briefe mit Besenval. Und in dieser Korrespondenz steht Beaumarchais nicht eben vorteilhaft da.

II.

Besenval scheint überhaupt zu den wenigen gehört zu haben, die die Revolution voraussahen. Am Hofe gehörte es zum guten Ton, die Äußerungen der Unzufriedenheit im Volke zu bagatellisieren. Vergeblich sucht Besenval die Königin, die Freunde vom Ernst der Lage zu überzeugen. Man lacht ihn aus und tändelt weiter. 1788 vertieft er sich in seinen Aufzeichnungen in die politische Lage, wägt die Charaktere der führenden Persönlichkeiten, die Möglichkeiten der Entwicklung gegeneinander ab und nimmt als einer der ersten den »dritten Stand, der allem Anschein nach bald eine Rolle spielen wird,« erstaunlich ernst. Er untersucht die Untergründe der sozialen Veränderungen, gibt den amerikanischen Freiheitskämpfen, der Anglomanie der jungen Leute, aber auch den »gefährlichen Schriftstellern« die Schuld, und den Broschüren, die sie schreiben und verbreiten – »denn man liest nichts anderes als dies!«

Als sich im Sommer 1789 die Wolken drohender zusammenziehen, ist Besenval praktisch Kommandant der gesamten Pariser Garnison. Denn sein oberster Vorgesetzter, der Graf d'Affry, ist schwer erkrankt und der französische Oberbefehlshaber hält sich merkwürdig zurück. Bei verschiedenen Hungerrevolten greift Besenval mit seinen Truppen ein. Im entscheidenden Augenblick allerdings, am 14. Juli 1789, ist seine Haltung unbestimmt und Mißdeutungen von beiden Seiten ausgesetzt. Steht er auf Seiten des Königs, wie sein Diensteid es verlangt? So wird später behauptet. Er gilt sogar als Beauftragter einer heimlichen Gegenrevolution, und die Anzahl der Truppen auf dem Marsfeld scheint dieser Annahme recht zu geben. Aber als das Volk sich drohend gegen die Truppen vor den Tuilerien zusammenrottet, läßt er nicht schießen, sondern zieht bei Einbruch der Nacht die Truppen zurück. »Hätte ich die Truppen in Paris gelassen«, so äußert er sich später, »dann hätte ich den Bürgerkrieg entzündet und kostbares Blut vergossen. Der Hof von Versailles andererseits ließ mich im Stich.«

Hätte ein entschlossenerer Einsatz der Truppen den Sturm auf die Bastille verhindern können? Die Frage ist müßig. Überdies war die Erregung des Volkes zu weit vorgeschritten, die Stimmung selbst unter den königs-treuen Truppen zu sehr geteilt. Doch für den Baron von Besenval bedeutet dieser 14. Juli die entscheidende Wendung. Er verbringt die Nacht in einem Versteck, fürchtet die Zerstörung seines eben vollendeten Palais, zieht es vor, zunächst in Versailles zu wohnen, dann heimzukehren nach Solothurn. Doch das mißlingt. Er wird unterwegs erkannt und gefangen genommen. Selbst die Vermittlung seines Landsmannes, des Ministers Necker, vermag ihn nicht zu befreien. Der Stadtrat von Paris setzt sich dann für ihn ein. Er wird dann bis zur Verhandlung im Gefängnis des Châtelet gefangen gehal-ten. Im Prozeß treten Hunderte von Zeugen auf. Schließlich wird er freige-sprochen. Man kann ihm keinen Verrat nachweisen. Er hielt dem König den Eid. Das ist alles … Der Richter allerdings, der das Urteil fällte, stirbt drei Jahre später unter der Guillotine.

Der Baron von Besenval hat auch jetzt wieder Glück. Er behält seine mi-litärischen Posten, lebt aber ganz zurückgezogen. Er sieht Freunde um sich, plaudert im Salon der Madame de Suze, seiner alten, geistvollen Freundin und legt die letzte Hand an seine Memoiren, die er ausschließlich zum ei-genen Vergnügen schreibt. Aus den Händen des Grafen von Ségur, seines natürlichen Sohnes, werden sie später entwendet und mit nachträglich er-zwungener Genehmigung veröffentlicht. Diese Memoiren bedeuteten einen kleinen Skandal. Denn sie enthalten neben manchen ernsthaften Betrach-tungen eine Menge höchst privater kleiner Erinnerungen an Persönlichkei-ten, die noch lebten und die nicht sehr entzückt waren, ihr intimstes Leben so an die Öffentlichkeit gezerrt zu sehen. Für uns ist das geistvolle, lebendig geschriebene Buch eine wichtige Quelle zur Kenntnis dieser Epoche vor dem Umsturz.

Während draußen in Paris die Wolken des Unheils immer drohender werden, während das Schicksal des Königshauses sich seinem furchtbaren Ende zuneigt, während Nationalgarden und Schweizergarden in ständigem Streit liegen, sitzt der ehemalige Kommandant dieser Garden in seinem schönen Palais, beschäftigt sich mit seltenen Pflanzen und seiner liebevoll gesammelten Bildergalerie. Er ist siebzig Jahre alt, und der Aufenthalt im

Gefängnis hat seine Gesundheit überdies untergraben. Er leidet an langen Ohnmachten, wird zusehends schwächer. Doch auf die Gesellschaft der Freunde möchte er trotzdem nicht verzichten.

An einem Junitag des Jahres 1791 hat er fünfundzwanzig Personen zu Tisch gebeten. Sie sitzen im Salon und plaudern, als der Gastgeber eintritt, im langschleppenden, weißen Hausgewand, die Züge so entstellt von Leiden, daß er das Entsetzen auf den Gesichtern der Gäste ablesen kann. »Ja, ja«, nickt er lächelnd, »der steinerne Gast aus dem Don Juan besucht euch.« Und gestützt auf den Arm seines Dieners zieht er sich zurück. Eine Stunde später hat er eine neue Ohnmacht, aus der er nicht mehr erwacht.

Pierre Victor von Besenval, dieses Kind des Glücks, hat einen sanften Tod gefunden, im Kreis der Freunde, die er geliebt, mit dem Blick auf den kunstreichen Garten, den er selbst angelegt hat. Ein reiches und glückliches Leben ging zu Ende. Ein Geist von Grazie und Heiterkeit schwebt noch heute um das schöne Gebäude im Pariser Faubourg Saint-Germain.

Max Ernst, Luise Straus-Ernst,
Richard Straus, Jimmy Ernst und Maja Aretz
Köln 1921

Der Geburtstag

Der Zollbeamte winkte, und Martin Bergmanns wohlgepflegte Limousine mußte anhalten. »Es wird nicht lange dauern«, tröstete Martin seine junge Frau. »Wir haben ja gar nichts Zollpflichtiges bei uns.«

Der Zollbeamte stellte die üblichen Fragen. Martin leierte die üblichen Antworten herunter: »Kurze Vergnügungsreise«, »nur persönliche Reiseeffekten«, »nein, nur die eine Schachtel Zigaretten, in Ihr schönes Land mit den guten Zigaretten wird man doch unsern schlechten Tabak nicht mitbringen!« – Der Beamte ließ der Form halber den einen der beiden Schrankkoffer öffnen, wühlte ein bißchen in Frau Dagmars Seidenwäsche herum und zeigte dann mit einem nachlässigen Kreidezeichen auf den Kofferrücken seine Befriedigung an.

Aber er hatte offenbar heute noch nicht sehr viel zu tun gehabt, und lugte mit pflichteifrigen Augen in die Tiefen des Kofferraumes. »Da steht ja noch ein Karton. Was ist darin?«

Martin Bergmann nahm den Beamten vertraulich zur Seite. »Es ist eine Überraschung für meine Frau, wissen Sie. Morgen hat sie nämlich Geburtstag, und ich schenke ihr ein Silberfuchscape.«

Die Familienangelegenheiten der Reisenden schienen den Zöllner aber wenig zu rühren. Ganz sachlich fragte er: »Es ist also ein neuer Pelz? Noch nie getragen?«

»Natürlich nicht, ich werde meiner Frau doch keinen alten Pelz schenken!«

»Dann müssen Sie ihn auspacken und verzollen.«

Nun war Bergmann zwar für seine junge Frau kein Pelz und kein Schmuck zu teuer. Aber warum er jetzt dem Zoll eine sicherlich nicht geringe Summe in den Rachen werfen sollte, das sah er durchaus nicht ein. Er zog aus seiner Brieftasche den einen der beiden Reisepässe und hielt ihn dem Beamten unter die Nase. »Sehen Sie, da steht es: Geboren am fünfundzwanzigsten März, und heute ist der vierundzwanzigste. Es wäre doch widersinnig, da es sich nur um den einen Tag handelt …«

Doch der Mann schüttelte störrisch den Kopf. »Wenn die Dame den Pelz trüge, wäre es etwas anderes. Aber sie trägt ihn eben nicht, hat ihn nie getragen, also ist er zollpflichtig.«

Sie trägt ihn nicht, trägt ihn nicht – – »Einen Augenblick, bitte. Jean, kommen Sie einmal her. Wollen Sie mir eine Besorgung machen?« Der Chauffeur, der abseits eine Zigarette geraucht hatte, kam herbei, hörte eifrig die Aufträge seines Herrn an, grinste vergnügt und ging davon, auf die Häuser der Ortschaft zu, an deren Ende die Zollstation lag. Der Beamte wollte ungeduldig werden, wurde aber mit der Versicherung, daß ein notwendiger Einkauf vergessen worden sei, wenigstens oberflächlich beruhigt.

Nach kurzer Zeit erschien der Chauffeur wieder, mehrere Pakete im Arm. »Dürfen wir auf diesem Tisch schnell alles auspacken?« fragte Bergmann höflich. Der Beamte wollte antworten, aber dann blieb ihm die Luft weg. Denn was er da zu sehen bekam, war bisher weder an diesem Zollamt noch wohl an irgend einem Zollamt der Welt je vorgekommen.

Da wurden Blumen ausgepackt und zurechtgelegt, glühend rote Dahlien, zartlila Astern und grüne Zweige in zierlichem Kranz. Und innerhalb dieses Kranzes marschierten nun viele bunte Kerzen auf. Mechanisch zählte der Zollbeamte. Es waren einundzwanzig. Als sie alle brannten, nahm Martin Bergmann das Silberfuchscape aus der Schachtel und rief seine Frau herbei, die bisher vom Wagen aus staunend dem Manöver zugesehen hatte.

»Liebe Dagmar«, sagte er feierlich. »Verzeih, wenn ich deinen Geburtstag um ein paar Stunden vorverlege. Aber vielleicht kommen wir morgen nicht zu einer so originellen Feier wie jetzt und hier. Hoffentlich gefällt dir dieses Silberfuchscape. Du hast es dir doch sehr gewünscht. Und weil es nach Son-

nenuntergang sicher kühl werden wird, nimmst du es am besten gleich um.«
Damit legte er ihr den köstlich weichen, silbrig schimmernden Pelz um die
schmalen Schultern.

Was sollte der Zollbeamte machen? Er konnte nur mit einigen verlegenen
Worten der hübschen, jungen Frau seine Glückwünsche aussprechen und
mußte den Wagen abfahren lassen. Lächelnd winkte Frau Dagmar zurück;
über dem schönen Pelzcape sah ihr helles Gesicht besonders reizend aus.
Und vor dem Zollhaus blieb ein Mann zurück, der ein bißchen verdutzt in
einundzwanzig brennende Kerzen starrte.

Louise Straus-Ernst

Wenn der Osterhase streikt....

Der Osterhase ist ein vielbeschäftigtes Tier.In manchen Jahren wird
ihm die Arbeit zu viel.Dann setzt er sich wohl mit einigen vertrauenswürdigen Müttern in Verbindung und bittet sie,seine Stelle zu vertreten. XXXXXX Diese Mütter,die selbst vor Arbeit in Haushalt und Kinderstube oft nicht aus und ein wissen,haben volles Verständnis für die
Nöte des Osterhasen und sind fast immer damit einverstanden,das Beschaffen und Verstecken der Eier selber zu besorgen,damit den Kindern die erste Frühlingsfreude nicht entgeht und der brave Hase trotzdem ein bischen aufatmen kann.

Da geht es dann in der Küche ans Eierfärben.Spinatsaft,Zwiebelbrühe,
Mischungen aus geheimnisvollen Pulvern stehen in grossen Schüsseln
bereit,und wenn die Mutter die hartgekochten Eier nicht nur einfach
irgendwo eintaucht,sondern ihnen mit abgedeckten Papiermustern oder
mit dem Pinsel noch lustige Muster gibt oder gar prächtige Marmorierun
gen mit zwei und mehr Farben,dann begreift sie den Osterhasen schon
garnicht mehr,der auf eine so reizvolle Arbeit freiwillig verzichtet
hat.

Die Kinder sind in dieser Vorbereitungsstunde natürlich nicht zu
hause.Sie spielen mit Kameraden im Garten oder sie schlafen schon.Denn
das hat der Osterhase zur Bedingung gemacht: sein Ruf bei den Kindern
muss gewahrt bleiben.Die dürfen nicht wissen,dass er sich in diesem
Jahr ein bischen auf die faule Haut gelegt hat.Und die Mütter,die an
Selbstlosigkeit gewöhnt sind,wundern sich schon garnicht mehr darüber,
wenn sie wieder einmal eine Arbeit leisten sollen,von der kein Mensch
spricht.

Ulrichs Mutter hatte nur dies eine Kind.Ullrich war ja auch erst
vier Jahre alt.Er würde sicher noch Geschwister bekommen,hofften seine
Eltern.Aber weil er vorläufig so ganz allein und ohne Spielgefährten
war,gaben sich seine Eltern natürlich besondere Mühe,ihm recht viel
Vergnügen an den Festtagen zu machen.Und da Ulrich ein sehr freundliche
gescheites Kind war,so machte er auch seinerseits den Eltern nur Freude

Die Mutter hatte ihm natürlich vor dem Fest schon sehr viel von dem
lieben Osterhasen erzählt,der für brave Kinder bunte Eier im Wald ver-
steckt.Und Ulrich freute sich schon mächtig aufs Suchen.Die Mutter
nicht weniger,denn sie hatte sich mit dem Färben der Eier grosse Mühe

Wenn der Osterhase streikt

Der Osterhase ist ein vielbeschäftigtes Tier. In manchen Jahren wird ihm die Arbeit zu viel. Dann setzt er sich wohl mit einigen vertrauenswürdigen Müttern in Verbindung und bittet sie, seine Stelle zu vertreten. Diese Mütter, die selbst vor Arbeit in Haushalt und Kinderstube oft nicht aus und ein wissen, haben volles Verständnis für die Nöte des Osterhasen und sind fast immer damit einverstanden, das Beschaffen und Verstecken der Eier selber zu besorgen, damit den Kindern die erste Frühlingsfreude nicht entgeht und der brave Hase trotzdem ein bißchen aufatmen kann.

Da geht es dann in der Küche ans Eierfärben. Spinatsaft, Zwiebelbrühe, Mischungen aus geheimnisvollen Pulvern stehen in großen Schüsseln bereit, und wenn die Mutter die hartgekochten Eier nicht nur einfach irgendwo eintaucht, sondern ihnen mit abgedeckten Papiermustern oder mit dem Pinsel noch lustige Ornamente gibt oder gar prächtige Marmorierungen mit zwei und mehr Farben, dann begreift sie den Osterhasen schon gar nicht mehr, der auf so reizvolle Arbeit freiwillig verzichtet hat.

Die Kinder sind in dieser Vorbereitungsstunde natürlich nicht zugegen. Sie spielen mit Kameraden im Garten oder sie schlafen schon. Denn das hat der Osterhase zur Bedingung gemacht: sein Ruf bei den Kindern muß gewahrt bleiben. Die dürfen nicht wissen, daß er sich in diesem Jahr ein bißchen auf die faule Haut gelegt hat. Und die Mütter, die an Selbstlosigkeit gewöhnt sind, wundern sich schon gar nicht mehr darüber, wenn sie wieder einmal eine Arbeit leisten sollen, von der kein Mensch spricht.

Ulrichs Mutter hatte nur dies eine Kind. Ulrich war ja auch erst vier Jahre alt. Er würde sicher noch Geschwister bekommen, hofften seine Eltern. Aber weil er vorläufig so ganz allein und ohne Spielgefährten war, gaben sich seine Eltern natürlich besondere Mühe, ihm recht viel Vergnügen an den Festtagen zu machen. Und da Ulrich ein sehr freundliches, gescheites Kind war, so machte er auch seinerseits den Eltern nur Freude.

Die Mutter hatte ihm natürlich vor dem Fest schon sehr viel von dem lieben Osterhasen erzählt, der für brave Kinder bunte Eier im Wald versteckt. Und Ulrich freute sich schon mächtig aufs Suchen. Die Mutter nicht weniger, denn sie hatte sich mit dem Färben der Eier große Mühe gegeben.

So war also die ganze Familie in bester Stimmung, als man am Ostersonntagmorgen zum Waldspaziergang aufbrach. Ulrich war etwas erstaunt über die große Tasche, die die Mutter trotz des Sonntags am Arm trug. »Heute kauft man doch nicht ein«, sagte er tadelnd, »heute ist doch Feiertag.« Aber die Mutter erklärte, in der Tasche seien Butterbrote und Milch, für den Fall, daß Ulrich unterwegs Hunger bekäme. Und das sah der kleine Junge denn auch ein.

Als man eine Weile gegangen war, ließ die Mutter in einem unbeobachteten Moment eines der bunten Eier in einen Busch gleiten, ging ein paar Schritte weiter und blieb dann stehen. Sie hob die Nase ein bißchen in der Luft und sagte: »Merkst du nichts, Ulrich? Ich meine, es riecht hier nach Osterhasen?« Nun wußte zwar Ulrich natürlich nicht, wie Osterhasen riechen – ebensowenig übrigens wie seine Mutter – aber er spürte doch gleich, daß irgend etwas in der Luft liegen mußte, sah sich suchend um, kroch hierhin und dorthin, um schließlich mit triumphierendem Schrei auf den Busch zu stürzen, in dem das rot und blau gefleckte Ei leuchtete.

Und nun gab es ein wahres Wettrennen nach Eiern. Die Mutter konnte die Eier kaum so schnell verstecken, wie Ulrich sie fand. Bald konnten seine dicken kleinen Hände die gefundenen Schätze nicht mehr halten, und er nahm gern den Vorschlag der Mutter an, die Eier bis zur Heimkehr in der großen Tasche aufzubewahren.

Das war nun zugleich wieder außerordentlich praktisch für die Mutter.

Denn da sie keine Millionärin war, so hatte sie natürlich keine unabsehbaren Mengen von Eiern gefärbt, und ihr kleiner Vorrat wäre bald erschöpft gewesen, hätte er sich nicht durch Ulrichs vertrauensvoll angeschleppte Funde immer wieder aufs wunderbarste ergänzt.

Nun mußte die Mutter aber wohl doch einmal unvorsichtig gewesen sein. Sie sah, wie der Bub eines der Eier nicht ablieferte, sondern fest in der Hand behielt, sich dann an einem Gebüsch zu schaffen machte und stehen blieb.

»Komm doch mal her, Mutti«, rief er mit seiner süßesten Stimme, »sieh doch nur, was der Osterhase für dich da hineingelegt hat.«

Die Mutter war eigentlich keine dumme Frau, aber in diesem Augenblick wußte sie wirklich nicht, ob sie die Überraschte spielen oder Ulrich als Schwindler entlarven sollte. Diese Beschuldigung wäre wenig stichhaltig gewesen. Denn der schlaue Ulrich hätte ja nur auf das mütterliche Vorbild verweisen müssen, um der Anklage jedes Gewicht zu nehmen. So entschloß sich denn die Mutter zur freundlichen Annahme des auf so wunderbare Weise in den Busch gelangten Ostereis und legte es zu den übrigen in die große Tasche. Sie fand aber dann doch, daß der Spaziergang lange genug gedauert habe und sie sich jetzt daheim ums Mittagessen kümmern müsse. Nach einem befriedigten Blick in die wohlgefüllte Tasche war Ulrich denn auch einverstanden.

Der Osterhase hatte aus einem geschützten Winkel die ganze Szene mitangesehen und legte seine Stirn in ernsthafte Falten. »So gescheit sind also die Kinder jetzt«, murmelte er. »Dann war meine Taktik doch falsch. Verliert die Jugend von heute ihre Illusionen noch nicht früh genug? Soll ich nun schuld sein, wenn ihnen auch diese letzte, unschuldige Freude am Osterhasen noch genommen wird? Nein, nein, im nächsten Jahr bringe ich die Eier wieder selbst.« Und nachdenklich hoppelte er durch den frühlingsgrünen Wald von dannen.

Luise Straus mit
ihrem Sohn Jimmy
Köln, um 1926

Frühlingstraum 1939

Marcel Bertin war gar nicht sehr erfreut, als er die Order bekam, den Verkehr an jener Boulevardecke zu regeln. Mit solchen Sonderaufträgen gab es gewöhnlich Ärger. Es war viel einfacher, mitten auf der Fahrstraße die Durchfahrt der Wagen und Autobusse mit dem weißen Stab in Ordnung zu halten. Aber Dienst ist Dienst. Aus den Instruktionen, die er erhalten hatte, war nicht genau zu verstehen gewesen, um was es sich handelte. Anscheinend um irgendeine Auslage, vor der die Menge sich staute, und wo ein zugleich energischer und höflicher Polizist nottat.

Als Marcel gegen vier Uhr nachmittags auf seinen Posten ging, sah er schon von weitem die Ansammlung von Menschen, die alle wie hypnotisiert zu den gegenüberliegenden Fenstern hinaufstarrten. Er begab sich gleich an die Arbeit, sorgte dafür, daß niemand sich auf die Fahrstraße stellte, und machte einen schmalen Durchgang den Häusern entlang frei. Die meisten der Neugierigen waren Frauen und Mädchen, die eifrig ihre Ansichten austauschten.

»Haben Sie das gesehen?« »Giftgrün und Bonbonrosa! Zu verrückt!« – »Warum? Wenn es kleidet …« – »Gib jetzt einmal acht, Madeleine. Das, was unter dem blauen Kleid wie ein Spitzenunterrock aussieht, ist nur ein von links angehefteter Volant. Das werde ich mir für mein neues Tailleur merken.« – »Druckknöpfe wären noch praktischer.« – »Schade, daß die Mädchen so rasch gehen«, murrte eine mit spitzer Nase, »man sieht gar nicht richtig.« – »Trotzdem eine gute Idee«, bemerkte fröhlich eine Dicke im Umschlagtuch; die jovialen Grüße, die sie nach allen Seiten austauschte, ließen in ihr die Concierge eines nahen Gebäudes vermuten. »Eine gute Idee, daß auch Unsereiner sich jetzt die Moden vorführen lassen kann wie die feinen Damen in den großen Schneiderhäusern.« Zustimmendes Gemurmel ließ sich vernehmen.

Marcel hatte inzwischen so weit Ordnung geschafft, daß er mit gutem Gewissen ein wenig um sich schauen durfte. Was gab es denn eigentlich zu sehen? – Im niedrig gelegenen Zwischenstock hatte sich ein Modegeschäft installiert. Es hatte den netten Einfall gehabt, seine Kleider von Mannequins so vorführen zu lassen, daß sie von der Straße aus leicht zu sehen waren. Ein Schild, von unsichtbarer Hand ausgewechselt, zeigte jeweils Namen und Preis des Modells an. Und dann erschien aus dem Hintergrund ein junges Mädchen, das mit schlenderndem, aber eiligem Schritt mehrmals an der Fensterreihe auf- und niederging.

Eben wurde das Schild wieder ausgewechselt. »Frühlingstraum 1939 – Fr. 800,–.« Das geringschätzige Lächeln über einen so kostspieligen Traum erstarb auf Marcels Gesicht. Denn was da leicht tänzelnd an der Scheibe entlanghuschte, das war allerdings ein zauberhafter Traum zu nennen. Eine Wolke aus zartblauem Tüll und mattvioletten Blüten umbauschte in Rüschen und Volants eine zierliche Gestalt. Rötliche Locken, mit ein paar violetten Blüten geschmückt, und fast von der gleichen Farbe die strahlenden Augen in dem Gesicht mit der niedlichen Stupsnase.

Ein Seufzer des Bedauerns ging durch die Menge, als die reizende Erscheinung im Dunkel des Hintergrundes verschwand. Und Marcel war so benommen, daß er erst nach Minuten ein paar Vorwitzige ermahnte, die sich schon wieder auf den Fahrdamm gedrängt hatten und die Wagen behinderten.

Nun teilte Marcel keine Aufmerksamkeit zwischen Pflicht und Vergnügen, schielte, so oft er nur konnte, zu den Fenstern empor. Aber keines der andern Mannequins vermochte ihn zu fesseln. Weder die Dämonische mit ihren schwarzen Locken, die immer irgend etwas Flatterndes, Schillerndes an ihren Kleidern trug, noch die bäurisch Kräftige, die zum ozeanblauen Leinenkostüm einen richtigen, mit Früchten und Blumen gefüllten Henkelkorb als Hut auf strohblondem Haar balancierte.

Die niedliche Kleine aber erregte jedesmal wieder sein Entzücken. »Heimliches Versprechen«, hieß das hochgeschlossene, nachtblaue Samtkleid, »Kinderspiele« der farbig bemalte Strandmantel. – »Man läßt sie immer die schönsten und teuersten Modelle vorführen«, erklärte ein älteres Fräulein mit leichter Mißbilligung. Aber Marcel fand das ganz in Ordnung.

Der Dienst vor dem Schaufenster gehörte von nun an zu Marcels liebsten Obliegenheiten. Bald hatte er den Rhythmus der Vorführungen heraus, wußte ganz genau, wann er nach oben zu blinzeln hatte, und wann er sich, ohne etwas zu versäumen, um die Herde der Zuschauer bekümmern konnte. Wenn er einmal wieder gebannt nach oben starrte, mochte er wohl wünschen, die kleine Rotblonde solle ihn endlich einmal bemerken. Aber die lächelte, wie es sich für ein Mannequin gehört, nur so vor sich hin und schenkte der Menge keinen Blick.

Bis eines Tages – mochte es nun Zufall sein oder die unbewußte Kraft von Marcels Willen –, bis also eines Tages der lächelnde veilchenblaue Blick sich für eine Sekunde in die schwarzen Augen des Polizisten verirrte und an ihnen haften blieb. Es konnte Täuschung sein – beim erstenmal. Aber als das Lächeln sich beim »Heimlichen Versprechen«, bei den »Kinderspielen« wieder zeigte, da war es sonnenklar: die Angebetete war aufmerksam auf den stummen Verehrer geworden. Und nun wiederholte sich das Spiel bei jeder Vorführung. Marcel war selig.

Eine Weile ging das nun so. Doch auf die Dauer gibt sich kein rechter Mann, und sicher kein energischer Pariser Polizist, mit solch halben Erfolgen zufrieden. Und als sein nächster freier Tag kam, zog Marcel seinen schönen, dunkelblauen Zivilanzug an und stellte sich um die Stunde des Ladenschlusses in der Nähe der Tür auf, aus der sein Frühlingstraum treten mußte. Fast hätte er sie nicht erkannt, als sie in ihrem knappen schwarzen Tailleur mit weißer Bluse erschien, ein schwarzes Filzhütchen auf den Locken. Hatte er etwa erwartet, sie in ihrer himmelblauen Tüllwolke über den Boulevard schweben zu sehen? Nun, jedenfalls gefiel es ihm, sie so damenhaft einfach zu finden. Seine Hoffnung, daß sie ihn gleich erkennen und auf diese Weise jedes Einleitungsmanöver überflüssig machen würde, erfüllte sich nicht.

Wohlerzogen geradeaus blickend eilte sie mit flinkem, nun gar nicht mehr schlenderndem Schritt über die belebte Straße. Fast mußte er sich bemühen, sich ihrem Tempo anzugleichen.

»Guten Abend, Mademoiselle.« – Keine Antwort. – »Darf ich Sie ein Stück begleiten?« – Keine Antwort. – Dann, bittend: »Aber. Mademoiselle, wir kennen uns doch.« – »Ich kenne Sie durchaus nicht, Monsieur. Lassen Sie mich bitte in Ruhe.« – War alles verloren? Spielte sie Komödie? Oder war wirklich kein Schein des Wiedererkennens in den nun zornig blitzenden veilchenblauen Augen? Nun sah man deutlich, sie besaßen wirklich diese zauberhafte Farbe. Plötzlich begriff er und fragte in dem täppisch-traurigen Ton, dem Frauen so schwer widerstehen: »Dann haben Sie also immer nur meiner Uniform zugelächelt? Und ich dachte, Sie hätten mich gemeint!« Damit hatte er endlich das Spiel gewonnen. Ein gänzlich verändertes, freundliches Gesichtchen wandte sich ihm zu. Sie lachte hell auf. »Sie sind das also? Nein, wie komisch.« – Und dann, um die Verlegenheit zu überbrücken: »Aber in Zivil sehen Sie ja auch sehr nett aus.«

Marcel erfuhr, daß seine schöne Unbekannte Colette hieß und erhielt die Erlaubnis, sie zu ihrer Metrostation zu begleiten.

Muß besonders berichtet werden, daß sich diese Begegnungen an Marcels freiem Tag nun regelmäßig wiederholten, daß in den Weg zur Metro schon sehr bald ein Café zu zweien auf einer Boulevardterrasse eingeschoben und daß außerdem in Marcels Dienststunden das lustige Gefunke zwischen Straße und Schaufenster eifrig fortgesetzt wurde? Colette schien darüber ebenso zufrieden wie Marcel.

Eines Tages beim Café bemerkte sie: »Ihr Kollege, der den Ordnungsdienst an Ihren freien Tagen macht, ist sehr unfreundlich. Nicht ein einziges Mal schaut er zu uns herauf.« – »Das ist auch gar nicht notwendig«, meinte Marcel mit einem Anflug von Eifersucht, »und streng genommen ist es überhaupt verboten. Trotzdem täte er es gern, wenn er nicht immer befürchten müßte, daß seine Frau unter den Zuschauern wäre und ihm auf der Stelle eine Szene machte.« – »Was für ein Glück, daß Sie nicht verheiratet sind, Marcel«, scherzte Colette. – »Ja, das ist wirklich ein Glück«, antwortete Marcel sehr ernsthaft.

An einem warmen Abend mußte Marcel ungewöhnlich lange auf Colette warten. Er befürchtete schon, sie verfehlt zu haben. Oder vielleicht war sie ihm mit Absicht entwischt. Wer kennt sich denn aus in den Listen junger Mädchen? Aber dann erschien sie schließlich doch, ein wenig müde, trotzdem lebhaft. »Wir haben nämlich«, erzählte sie, »nach der Vorführung noch die neue Kollektion probieren müssen, die von nächster Woche ab gezeigt wird. Natürlich hat der Chef wieder mich für das schönste Modell ausgesucht. ›Sommerglück‹ heißt es.« Und dann hörte Marcel eine ausführliche Schilderung, von der er nicht viel verstand: hellroter Chiffon, schwarze Spitzen, eine kleine Schleppe und ein tiefer Rückenausschnitt … »Finden Sie das nicht wunderschön, Marcel?«

Aber der schien gar nicht so begeistert. »Ich fände es viel hübscher«, knurrte er, »wenn wir das Sommerglück für uns allein hätten.« – »Aber, Marcel«, rief Colette entsetzt, »das teuerste von allen Modellen!« So hatte er es nun nicht gemeint. Doch Colettes Kleinmädchenverstand konnte nicht so leicht den Übergang von der Mode zur Lebenswirklichkeit finden. Fassungslos sah sie ihn an. Und er fuhr, immer noch etwas brummig, fort: »Brauchen wir denn alle die Kinkerlitzchen, unter denen sich die Haute Couture das Sommerglück vorstellt? Chiffon und Spitzen, lächerlich! Zum Sommerglück braucht man Sonne und Ferien und einen Strand am Meer oder an der Marne und zwei Leute, die sich lieb haben. Sonst gar nichts.« – »Gar nichts?«, fragte Colette ein bißchen töricht. »Doch, vielleicht einen einfachen, glatten Goldring am Finger …«

Eben bog ein schwerer Lastwagen um die Ecke. Es war wohl Zufall, daß Colette, von Marcel zurückgerissen, plötzlich in seinem Arm lag. Aber es sah doch bedenklich nach Absicht aus, daß die beiden, mitten im Boulevardgetriebe noch eine ganze Weile in dieser zärtlichen Stellung verharrten, als Marcels Kollege in der Mitte des Fahrdamms längst mit seinem weißen Stab den Fußgängern das Zeichen zum Überschreiten der Straße gegeben hatte.

Luise Straus
Cannes, um 1939

Begegnung in Cagnes

Es sieht aus wie eine Flucht«, dachte Susanne, als sie in Nizza den Autobus bestieg. »Lächerlich! Flucht vor wem? Vor André? Vor mir selbst? Vor der Wirklichkeit?«

Susanne war gewöhnt, die sehr gründlichen Fragen, die sie an sich selber zu richten pflegte, eingehend und aufrichtig zu beantworten. Aber hier war die Antwort bisher ausgeblieben. Vermutlich war Susanne überhaupt nur unterwegs, um diese Antwort zu finden.

Sie war niemals besonders sanft mit sich umgegangen. Hatte sie nicht in diesem letzten, langen Jahr seit der Scheidung von André immer wieder gegen sich selbst gekämpft? Und war doch nicht über diese elende Dumpf-heit weggekommen. Der Wagen fuhr durch die lachende Landschaft – blaues Meer, üppige Gärten, die fernen Zacken der Alpen –, Susanne fühlte sich fern, fremd, ausgeschlossen.

Dann sah man auf jäh ansteigendem Hügel das Dorf liegen. Fast schien es, als kletterten seine winkligen Häuschen eifrig den Abhang hinan, um sich noch enger an den zierlichen Kirchturm zu drängen, der die Höhe kron-te.

Ellinor war an der Station. »Du bist ja noch schlanker geworden«, lächelte Susanne, »und deine Mähne wirkt noch viel schwarzer um das sonnver-brannte Gesicht.« – Ellinor war früher Tänzerin gewesen, immer noch eine schöne, selbstbewußte Frau, die nun im langsamen Schreiten die Freundin aufmerksam musterte. »Was ist nur mit dir, Susanne? Und dieser plötzliche Entschluß, mich endlich zu besuchen! Bisher hattest du doch niemals Zeit.

Und was wurde denn aus der phantastischen Stellung, die du annehmen wolltest?«

Susanne schüttelte müde den Kopf. »Ich weiß nicht, was daraus geworden ist. Ich bin einfach ausgerissen.« Und auf einen erstaunt fragenden Blick Ellinors: »Ja, plötzlich hatte ich das Gefühl, daß ich's nicht schaffen kann. Seit André fort ist, hab ich alles Vertrauen zu mir verloren. Und so darf es einfach nicht weitergehen. Darum will ich einmal versuchen, zurückzufinden, hier, bei dir, weit fort von der Welt.« Dann, mit besorgtem Ausdruck: »Nicht wahr, Ellinor, man hat doch hier mit der Außenwelt nichts zu schaffen?«

»Wenn man sie nicht selber mithineinbringt«, lächelte Ellinor.

Sie stiegen auf steilen, breit getreppten Straßen aufwärts zwischen schiefen, alten Steinhäuschen, auf deren Stufen Katzen in der Sonne saßen, kleine silbergraue, sahnefarbene, gefleckte Tiere mit hohen, spitzen Ohren. Nirgends sah man Menschen. Manchmal huschte der Schatten eines alten Weibleins durch einen Torbogen. Lange gewölbte Durchgänge schienen geradewegs in die grünende Berglandschaft hinauszuführen. Überall Blumen. Geranien rankten brennend rot an den Wänden hoch. Oleander blühte üppig in Kübeln, und Palmen neigten sich überraschend und ernst zwischen das Grau der Mauern.

Ellinor bewohnte ein großes altes, provençalisches Haus, das ein Maler für sich umgebaut und dann verlassen hatte. Sie vermietete manchmal den einen oder andern Raum an Freunde, ließ sich aber durch ihre Logiergäste nicht weiter stören. Für die Bedienung mochte ein jeder selbst sorgen.

»Hoffentlich gefällt es dir so«, sagte sie zu Susanne, die sich zögernd in dem niederen Raum umsah. Steinerner Boden, steinerne Wände, kleine Fenster, hinter denen der unendliche, vor Hitze fast farblose Himmel der Provence stand, ein breites, niederes Bett, ein Tisch, zwei Stühle, eine bunte Strohmatte – das war alles.

»Ja, ich glaube, es gefällt mir«, sagte Susanne. »Weißt du, ich muß mir Mühe geben.« – »Ich glaube immer«, sagte Ellinor, mit leisem Vorwurf, »du gibst dir zu viel Mühe. Und darum gerade kommst du nicht zurecht.«

Sie aßen früh zu Abend, auf der Terrasse über den Lorbeerbüschen des Gartens. »Wenn es dir recht ist«, schlug Ellinor vor, »dann gehen wir jetzt auf den Platz. Alles trifft sich um diese Zeit.« – »Alles«, fragte Susanne ängstlich. »Keine Bekannten hoffentlich?« – »Ach, woher? Künstler, Maler aus aller Welt, die den Sommer hier verbringen. Du wirst sehen, wie lustig es ist.«

Es war noch hell. An dem steilen, eckigen Kirchturm mit seinem schönen, schmiedeeisernen Glockengehäuse vorbei gelangten sie zum Kastell, einem schweren, mit Zinnen besetzten Bau, und dann, langsam aufwärts steigend, standen sie plötzlich auf einem breiten, terrassenartigen Platz, wo über das Gewirr vielfarbig verwitterter Ziegeldächer hinweg eine Sicht in die Weite sich auftat. Nach der einen Seite lag eine unendliche, seidenblaue Fläche, das Meer, nach der andern zeichneten sich am zart gelblichen Abendhimmel die Gipfel der Alpen in scharfen violetten Linien ab.

Das Dorf, das am Nachmittag so ausgestorben geschienen, war jetzt belebt. Aus allen Gäßchen stieg es zum Platz empor. Männer mit Schirmmützen spielten Boule in einer Ecke. Frauen standen plaudernd beisammen. Kinder tollten umher. Eine Schar Burschen neckte die Arm in Arm vorübergehenden Mädchen. Und zwischen diesen echten Dorfbewohnern bewegten sich, ungezwungen begrüßt, die Adoptivkinder von Cagnes, die Maler, in weiten schlaksigen Hosen, offenen Hemden, breiten Strohhüten, barfuß in Sandalen.

»In diesem kleinen Café«, erklärte Ellinor, »das einem schwedischen Maler gehört, wird später getanzt. Hast du Lust, ein wenig hier zu bleiben?« Ellinors Augen leuchteten so unternehmungslustig, daß Susanne nicht das Herz hatte, abzulehnen. Und warum auch? War hier nicht eine Welt für sich, die mit der ihren nichts zu tun hatte? Und das gerade suchte sie ja.

Schnell waren die Tische besetzt. Über der kleinen Tanzfläche flammten ein paar Lampions auf. Ein Grammophon ertönte. Ellinor wurde oft zum Tanz geholt. So fand Susanne Zeit, ruhig zu beobachten. Wie einfach, wie vergnügt diese Menschen alle waren. Zweifellos hatten auch sie ihre Probleme. Aber sie wurden offenbar auf eine einfachere Weise mit ihnen fertig. Sie betrachtete ein paar lange, blonde Engländer, die mit gelockerten Bewegungen den Tanzrhythmen folgten, ihre unwahrscheinlich schlanken Partnerinnen im Arm. Dann sah sie den Inhaber des Lokals an, der selber die Gäste und nebenher noch das Grammophon bediente. Sein knochiges Gesicht war verwüstet. Vermutlich war er bei weitem nicht so alt, wie er aussah. Aber aus seinen Augen, die blau wie die eines Seemanns waren, strahlte ein heiterer Frieden.

Dieser schlanke, alte Mann, der mit dem jungen, blonden Mädchen tanzte, hatte in der Haltung beinahe etwas wie André. Diese vorgeschobene Schulter, der leicht geneigte Kopf! Wenn André weißes Haar gehabt hätte, man hätte ihn dafür halten können. – Der Anblick war Susanne durch die Glieder gefahren. »Wenn er es selbst wäre, es könnte nicht schlimmer sein!« Dann war der Tanz zu Ende. Der Mann blieb mit dem blonden Mädchen einen Augenblick unter einem der Lampions stehen – und war wirklich André.

Susannes erste Reaktion war davonzulaufen. Aber war sie nicht eine tapfere Frau? Und plötzlich kam sie eine seltsame, selbstquälerische Lust an, nun erst recht dazubleiben, den Mann zu beobachten, mit dem sie viele Jahre gelebt und der sie verlassen hatte.

Zum Glück hatte Ellinor André niemals kennen gelernt. Und zum Glück tanzte sie fast ununterbrochen. So fiel ihr Susannes Veränderung nicht auf, wenn sie ihre Tänzer an den Tisch brachte, einen zarten, kleinen Hindu, einen pausbäckigen Holländer. Sie lachte mit ihnen, trank einen Schluck, lief wieder fort. Ein paar Aufforderungen zum Tanz hatte Susanne lächelnd abgelehnt.

André mit weißem Haar! Und das blonde Mädchen mußte wohl seine Frau sein. Susanne hatte von der Heirat des bekannten Schriftstellers reden hören. Man spöttelte ein wenig über den fast Fünfzigjährigen, der sich seine zweite Frau beinahe von der Schulbank geholt hatte. Ein heiteres temperamentvolles Geschöpf eigentlich, diese kleine Frau. »Wäre mir etwa eine unangenehme Person an dieser Stelle lieber gewesen?«, fragte Susanne sich selbst mit gewohnter Strenge. Aber nein, es war ihr schon ganz recht, die rundliche Blondine mit etwas schräggestellten Augen unbefangen plaudern zu sehen. André neigte sich mit nachsichtigem Lächeln zu ihr hin. Wie ein Vater oder ein Lehrer. »Bin ich boshaft?«, fragte sich Susanne. »Aber wenn er das gewollt hat, dann hatte es ja wirklich keinen Sinn, daß wir beieinander blieben.«

Einmal tanzte er ganz dicht an Susannes Tisch vorüber, bemerkte sie, sah genauer hin und nickte ihr dann über die Köpfe der andern hinweg zu wie einem alten Kameraden. Als der Tanz zu Ende war, kam er auf sie zu, die Schulter ein wenig vorgeschoben. Wie gut sie die Bewegung kannte!

»Ich wußte nicht, daß du hier bist«, sagte sie wie zur Entschuldigung. – »Ich besuche eine Freundin.« – »Geht's dir gut?« »O ja, danke.« – »Leider kann ich nicht länger mit dir plaudern, ich bin in Gesellschaft.« – »Ich auch, wie du siehst.« – »Auf ein andermal. Alles Gute.« – Weg war er.

Als der Platz und die Lichter und der Sternenhimmel aufgehört hatten, sich wie irrsinnig um Susanne zu drehen, atmete sie auf. »Es war ja gar nicht so schlimm!« Wie nach einer lange gefürchteten Operation. Dann: »Ein fremder Herr, ein höflicher, weißhaariger Herr. Und ich? Hab ich mich nicht vorhin noch müde und alt gefühlt? Aber jetzt …«

Und als der zarte, kleine Hindu noch einmal mit seinen Samtaugen um einen Tanz bettelte, lehnte sie nicht mehr ab, tanzte mit ihm unter Lampions und Sternen, fühlte sich tatenlustig und frei.

Dann ging man heim. In der Nacht fiel ein plötzlicher, leiser Regen. Susanne hörte ihn im Lorbeergebüsch rauschen. Warmer, frischer Duft schlug durchs Fenster herein. Sie hatte kaum erwartet, Schlaf zu finden. Aber als sie dann von Vogelstimmen und Sonnenstrahlen geweckt wurde, fühlte sie sich frisch und ausgeruht.

»Du siehst schon ganz erholt aus«, sagte Ellinor überrascht. Sie saßen in dem großen, wilden Garten, der durch kleine Mauern und Hecken in lauter Räume aufgeteilt war. Auf rotem Sand stand eine riesige Bananenpalme. Ungeheure Geranien, Silberdisteln, Agaven wucherten neben den Orangenbäumen mit halbreifen Früchten. Ellinor hockte in langen, blauen Leinenhosen auf einem Steinsockel unter der Pergola und sah aufs Meer, das sich unten in blauen und rosigen Perlmuttertönen dehnte. Ab und zu griff sie über sich und pflückte eine große gelbe Traube, die sie langsam verzehrte.

»Also, es gefällt dir, Susanne?« – »Ja, es gefällt mir sehr, aber ich glaube, ich kann nicht bleiben.« – »Warum komplizierst du dir alles so sehr? Ist es nicht schön hier?«

»O ja, aber für mich wahrscheinlich zu schön! Ich habe vorher Angst gehabt, Angst vor mir selbst und vor dem Leben. Aber mit einemmal hab ich wieder Kräfte bekommen … Darf ich einmal mit Paris telephonieren?«

»Natürlich.« Ellinor hatte es längst aufgegeben, die Menschen, die draußen lebten, verstehen zu wollen. Was war Ehrgeiz, was war Erfolg, wenn man in einem wilden provençalischen Garten über dem Meer sitzen und Trauben pflücken konnte?

Susanne trat aus dem Haus. Sie strahlte. »Die Stellung ist noch frei. Ich werde wirklich etwas schaffen können. Heute abend fahre ich nach Marseille, und morgen bin ich in Paris.«

Ellinor antwortete nichts. Susanne betrachtete lächelnd eine große Schnecke auf der Spitze einer Fettpflanze. »Wie viel Zeit sie hat«, sagte sie sinnend. Und dann, lebhafter: »Weißt du, Ellinor, zwischen gestern und heute liegt für mich so viel. Alles gehört plötzlich wieder mir! O, Ellinor, es gibt noch so viel für mich zu tun.«

»Über Nacht«, meinte Ellinor mit leisem Spott.

»Warum nicht?« Sie hatte der Freundin die Begegnung mit André verschwiegen. Aber hätte die in ihrem selbst gewählten Einsiedlertum auch nur begriffen, auf wie seltsame Weise dieses Zusammentreffen Susannes Kräfte gelöst und ihr gezeigt hatte, daß sie der Welt und dem Heute gehörte?

Am Abend nahm Susanne den Zug nach Marseille. Zarter Duft blühender Mimosen wehte durch das offene Fenster herein. Silbrige Ölbäume huschten vorüber, und Palmen hoben ihre schweren Wedel in den dunklen Himmel. Auf der andern Seite aber dehnte sich der Golf, von vielen Lichtern umsternt wie ein braver, kleiner Binnensee. Nur nach Süden zu blieb eine kleine Stelle dunkel. Man mochte ahnen, daß hier ein Weg ins Ungewisse führte, in eine Weite der Unendlichkeit voll Geheimnis und voller Hoffnung.

Penelope 1939

Ist es noch nicht Zeit, zum Radio zu gehen?«, fragte Frau Mizzi.

»Nein, wir können vorher noch das Geschirr abtrocknen«, erwiderte die energische Ellen.

Und die drei Frauen, die das Kriegsschicksal in dieser südfranzösischen Stadt zusammengeführt hatte, begannen gewissenhaft, die letzten Spuren des Kaiserschmarrens von Tellern und Bestecken zu entfernen. Sie hatten rasch herausgefunden, daß es billiger und weniger traurig war, die Mahlzeiten gemeinsam einzunehmen, und da Frau Mizzi nicht nur einen Gasherd in ihrer möblierten Wohnung vorgefunden hatte, sondern auch als Wienerin die vertrauenerweckendsten Kochkenntnisse besaß, hatte man ihre Wohnung zum Hauptquartier erklärt. Damit war dann zugleich noch der Vorteil eines Rundfunkgerätes verknüpft, an dem man den abendlichen Nachrichtendienst hören konnte. Allerdings befand sich dieses Gerät in der Wohnung nebenan.

»Ob es den guten Marchands nicht doch lästig ist, wenn wir jeden Abend erscheinen?«, fragte Wanda von Kralinska bedenklich. Sie besaß von den Dreien noch die meisten Hemmungen, Reste einer nicht mehr ganz zeitgemäßen Erziehung.

»Aber woher«, meinte Frau Mizzi sorglos. »Sie haben uns doch selbst aufgefordert, zu kommen. Sie entschuldigen sich sogar, wenn sie einen Abend ausgehen müssen. Und schließlich bleiben wir doch nur zehn Minuten.«

»Ich finde das wundervoll«, sagte die blonde Ellen. »Bei uns in Norwegen meint man immer, die Franzosen seien nicht gastfreundlich. Welch ein Irrtum!«

In der Tat hatte es den Anschein, als könnte dem Ehepaar Marchand auf der Welt nichts Erfreulicheres begegnen als der Besuch der drei Damen. Sie erhoben sich strahlend vom Küchentisch, an dem sie eben ihre Abendmahlzeit beendet hatten, und während die junge Frau aufräumte und kehrte, beeilte sich ihr schnauzbärtiger Gatte, den besten Empfang einzustellen.

Dann lauschten alle gespannt und andächtig. Es gab zwar heute ebenso wenig wie an den anderen Abenden eine besondere Überraschung. Aber man konnte ja schließlich nie wissen …

Noch vor dem Ende der Sendung reichte Frau Marchand ihrem Mann den Uniformrock, Säbel und Tschako, denn er war Polizist, hatte Nachtdienst und, wie er galant zu bemerken pflegte, den Sonderauftrag, die schönen Frauen zu beschützen, die abends allein nach Hause gingen.

Aber dieser Witz lockte auf dem blanken, jungen Gesicht seiner Frau kein Lächeln hervor wie sonst. Seufzend drehte sie das Radio ab und sah betrübt auf die Tür, die sich hinter dem stolzen Polizisten geschlossen hatte. »Wie lange noch«, sagte sie leise, »dann muß auch er fort. Er hat schon den vorigen Krieg mitgemacht und außerdem brauchen sie ihn bei der Wache: darum hat er Aufschub bekommen. Aber die Zeit ist bald um. Und was kann dann alles geschehen!«

Plötzlich liefen dicke Tränen über ihr sonst so vergnügtes Gesicht. »Aber liebe Frau Marchand«, rief Frau Mizzi mitleidig, »was haben Sie nur heute? Sonst waren Sie doch so tapfer!«

»Ach, ich weiß es selber nicht«, schluchzte Frau Marchand hinter ihrem Schürzenzipfel. »Ich hab so böse Träume gehabt, und da war so ein trauriger Film gestern im Kino. Mit einem Mal hab ich Angst bekommen. Entschuldigen Sie nur!«

»Sehen Sie mal, meine Liebe«, suchte Frau Mizzi zu trösten, »Sie haben Ihren Mann doch wenigstens jetzt noch bei sich. Ich hab den meinen seit einem halben Jahr nicht gesehen, seit ich so plötzlich von Prag weg mußte.

Als er endlich auch loskam, im August, bekam er nur ein englisches Visum, kein französisches. In gewöhnlichen Zeiten hätte man sich ja doch bald wieder zusammengefunden. Aber jetzt, wo der Krieg gekommen ist – wer weiß, wann ich ihn endlich wiedersehe.« Und sie schluchzte laut auf.

Wanda von Kralinska schüttelte den grauen Kopf. »Sie dürfen sich gar nicht beklagen, liebe Frau Mizzi. Ihr Mann ist in Sicherheit. Eines Tages sehen Sie ihn wieder, und vielleicht kommen Sie sogar in Ihre Heimat zurück. Aber ich! Ich bin doch in Polen zu Hause, wurde nur auf meiner Sommerreise vom Krieg überrascht. Und eben habe ich nach langer, quälender Unsicherheit von meinem Bruder erfahren, daß unser Gutshof durch einen Bombeneinschlag zerstört und abgebrannt ist. Er selbst hat sich mit seiner Familie nach Ungarn geflüchtet. Sie wissen noch nicht, was werden soll.« Sie drückte ihr Taschentuch gegen die Augen.

Eine Weile war es ganz still. Dann hatte Frau Marchand als die Gastgeberin das Gefühl, etwas sagen zu müssen. Sie wandte sich an die junge Ellen. »Na, Sie, Fräulein Ellen, haben wenigstens mit all diesem Kummer nichts zu tun.«

Das junge Mädchen hatte mit gesenktem Kopf beiseite gestanden. Nun sah man, daß auch sie weinte. »Aber mein Verlobter ist doch französischer Fliegeroffizier«, rief sie, »das ist am allergefährlichsten.«

Schweigend und bekümmert sahen sie einander an. Für gewöhnlich suchte ein jedes mit dem persönlichen Leid allein fertig zu werden. Helfen konnte ja doch niemand. Das Gefühl, beisammen zu sein und schweigend um einander zu wissen, war das einzig Tröstende. Aber in diesem plötzlichen Ausbruch der Gefühle standen sie nun einander gegenüber, ratlos zuerst, dann mit einem kleinen Lächeln des Verstehens.

»Einmal weinen können, tut doch beinahe gut«, sagte die blanke kleine Polizistenfrau ein wenig verschämt.

»Aber jetzt lassen wir Sie nicht allein«, erklärte Frau Mizzi resolut. »Nehmen Sie Ihr Strickzeug, Frau Marchand, und kommen Sie mit zu mir hinüber.«

»Unmöglich«, erklärte die, durch Tränen lächelnd, und wies auf ein Paket, das auf dem Tisch lag. »Sehen Sie nur, da hat Gaston seine Butterbrote vergessen. Er wird später die Runde hier im Bezirk haben und bestimmt vorbeikommen, denn um Mitternacht hat er doch Hunger.«

Das sahen alle ein. Weil sie aber heute mehr als sonst ein enges Gefühl der Zusammengehörigkeit hatten, so nahmen sie die Einladung, noch ein wenig Radiomusik zu hören, gern an. Und bald saßen alle vier friedlich strickend auf dem breiten Ehebett.

»Wie wundervoll Sie arbeiten!«, lobte Wanda von Kralinska und besah Frau Marchands Strickzeug aus der Nähe. »Welch kompliziertes Muster! Und so flink!«

»Es wird ein Pullover für Gaston. Fühlen Sie nur diese weiche Wolle!«

Ellen hatte Schwierigkeiten mit ihrem Kopfschützer. Sie wandte sich hilfesuchend an die geschicktere junge Frau. »Muß ich nun abnehmen?«, fragte sie schüchtern. »Oder ist er noch nicht groß genug?«

Sachverständig beugte sich Frau Marchand darüber. »Nein, noch nicht abnehmen. Aber da haben Sie ja Haare eingestrickt.« Und sie begann an dem grauen Strickzeug zu zupfen.

Doch Ellen war feuerrot geworden. »Nein, bitte, lassen Sie sie darin! Es ist doch Absicht. Er – nämlich er mag doch mein blondes Haar so gern. Und – und am Ende beschützt ihn das ein bißchen.«

Eine Weile hörte man nichts als das Klappern der Nadeln und eine sanfte Geigenstimme, die aus dem Radio sang. Dann sah Mizzi erstaunt zu Frau Marchand hinüber. »Aber was tun Sie denn, Liebe«, rief sie. »Warum ziehen Sie denn die schöne Arbeit wieder auf?«

»Es ist ein Fehler darin«, murmelte Frau Marchand mit tiefgesenktem Kopf.

»Lassen Sie sehen. Sie arbeiten doch immer so gewissenhaft. Wo ist denn der Fehler? Ich finde keinen.«

»Ach«, sagte die kleine Frau verlegen, »es ist auch nur ein ganz winziger Fehler. Aber ich hab doch so ein dummes Gefühl, daß Gaston seinen Marschbefehl in dem Augenblick bekommt, in dem der Pullover fertig wird, und – – und da – – da ziehe ich ihn eben manchmal ein bißchen wieder auf …«

»Wie Penelope am Webstuhl«, bemerkte Ellen tiefsinnig.

Frau Marchand lächelte höflich dazu. Sie hatte von dieser Frau Penelope noch niemals etwas gehört. Aber wo ist wohl die liebende Frau, der nicht jede Handlung zum Symbol, jeder Zufall zum Orakel würde?

Die Nadeln klapperten. Und über dem Zimmer lag mit der sanften Radiomusik jene Atmosphäre gefaßter Melancholie, still und tapfer getragenes Frauenschicksal, heute ebenso wie zu Zeiten Homers.

Und dann fuhren alle erschreckt zusammen, weil es an den Fensterladen klopfte. Doch gleich darauf tönte eine fröhliche Mannesstimme: »Feierabend, meine Damen!« Es war Gaston Marchand, der seine nächtliche Runde unterbrochen hatte, um die vergessenen Butterbrote zu holen.

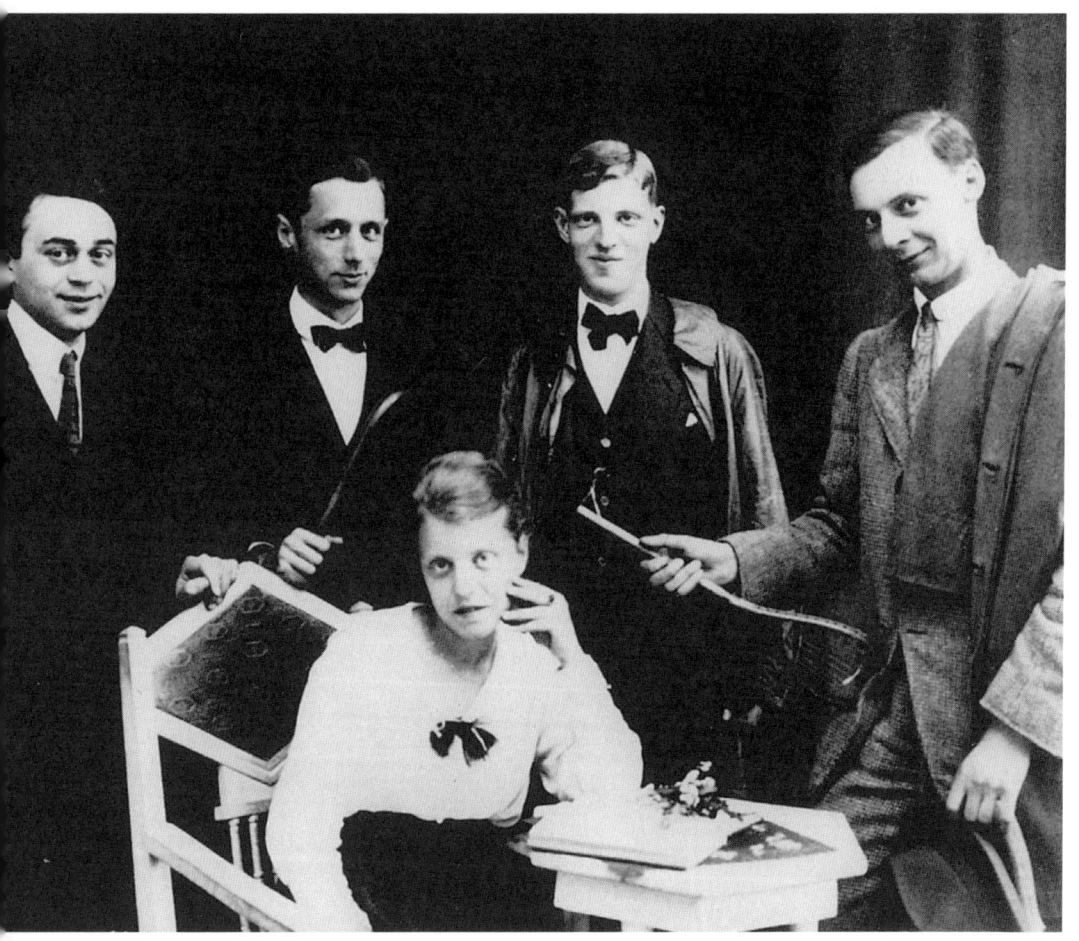

Der Architekt und Maler Hans Hansen, Max Ernst und Luise Straus-Ernst,
ihr Bruder Richard Straus sowie Alfred Ferdinand Gruenwald
Köln, um 1919

Zweimal Tanja

Als Archibald Hopkins um Tanjas Hand anhielt, da ahnte er nicht, daß er seine Braut vor zwei Jahren schon einmal ganz gut gekannt hatte.

Diese Tatsache erscheint so unglaublich, daß ein wirklichkeitstreuer Chronist gar nicht darüber berichten dürfte. Wenn man aber Tanjas vielfältig schillerndes Wesen kennt und außerdem die Zeitverhältnisse berücksichtigt, dann wird dieser seltsame Zufall plötzlich so wahrscheinlich, daß man ihn geradezu erfinden müßte, hätte nicht bereits das Leben mit seiner verblüffenden Regie aller menschlichen Phantasie erfolgreich vorgegriffen.

Tanja war ein junges Mädchen, wie sie im Paris der Zwischenkriegszeit gar nicht selten waren. Aus irgend einem fernen Lande in die damals so gastfreie Stadt verschlagen, lebte sie arbeitsam, unabhängig, tapfer, doch den Freuden des Daseins keineswegs abgeneigt, in einem bescheidenen Hotelzimmer nahe dem Luxembourggarten. Sie zeichnete Blusen, Gürtel, Kragen für kleine Modegeschäfte. Hin und wieder nahm selbst eines der ganz großen Couturehäuser ihr ein besonders gelungenes Modell ab. Tanja konnte bescheiden leben.

Für große Sprünge, gar für Reisen reichte dieses Einkommen allerdings nicht. Da aber Tanja auf diese Entspannung und Anregung nicht verzichten wollte, paßte sie sich den Verhältnissen an und tat so, als existiere überhaupt keine Eisenbahn. Mit ganz kleinem Gepäck marschierte sie einfach los, meistens gar nicht lange, bis es ihr gelang, die Fahrt im Auto fortzusetzen. Sie hielt die Wagen nicht etwa an, bewahre! Sie lächelte nur ein bißchen von der Seite. Die Fahrer hatten fast immer Verständnis für den rein sportlichen Sinn dieses Lächelns und nahmen Tanja eine Strecke weit mit. Auf diese Weise bekam sie viel Schönes für wenig Geld zu sehen.

Die Mittelmeerküste gefiel ihr am besten, und sie brachte es fertig, unter ihrem südlich blauen Himmel manche Ferienwochen zu verbringen. Schnell hatte sie herausbekommen, daß man selbst an Luxusorten nicht unbedingt teuer leben muß. Sie fand immer die Gegend, in der es billige Zimmer gab, im alten Viertel nahe der Kirche zum Beispiel, spürte die billigen Restaurants – beim Markt –, die billigen Cafés – beim Hafen – auf, ließ es sich aber trotzdem nicht nehmen, inmitten der eleganten Menge auf der Promenade und am Strande zu erscheinen.

Das war ohne besondern Toilettenaufwand möglich, denn groß und klein trug hier nur Shorts. Und da Tanjas zierliche Gestalt in diesem verräterischen Kleidungsstück entschieden vorteilhafter aussah als die üppigen Figuren reifer Millionärsgattinnen, so fiel sie in diesem Milieu höchstens angenehm auf. Mit ihrem sehr kurz geschnittenen Haar sah sie beinahe wie ein kleiner Junge aus. Wer allerdings mit ihr zu plaudern begann, der spürte bald, daß hinter diesem kecken und bubenhaften Äußern sich eine zarte Mädchenseele verbarg.

In diesem seltsamen Gegensatz lag wohl auch der Reiz, den Tanja auf Archibald Hopkins ausübte. Blauäugig, mit leicht angegrauten Schläfen, doch sportlich schlanker Gestalt, hatte der Amerikaner seit Jahren Cannes zu seiner Wahlheimat gemacht und bewohnte eine weiße Villa in einem Park voller Mimosen und Palmen am Fuße der grünen Hügel. Er hatte Tanja beim Schwimmen kennen gelernt und rasch Gefallen an ihrer sprudelnden Unterhaltung, ihrer Schlagfertigkeit gefunden. Der unberechenbare Wechsel zwischen kindlich offenherzigem Geplauder und durchaus damenhafter Reserviertheit fesselte Archibald. Er kam manchmal aus seinen eleganten Bars, um Tanja in dem kleinen Café am Hafen zu treffen, und lud sie sogar einmal zum Tee in seine Villa ein. Tanja bewegte sich in den üppigen Räumen, als hätte sie nie in einer Mansarde gewohnt, ließ sich von der steinernen Miene des untadeligen Butlers keineswegs einschüchtern und schloß innige Freundschaft mit Kilty, Archibalds schwarzlockiger Cockerhündin.

Eines Tages war Tanja dann nirgends mehr zu sehen. Der etwas romantische Archibald Hopkins fand, daß dieses geheimnisvolle Verschwinden sehr gut zu Tanjas Wesen paßte. Der Schlüssel des Geheimnisses war nichts weiter, als daß Tanjas Geld zu Ende ging und sie sich nach dem gewohnten System auf den Heimweg begeben hatte. Hätte er es geahnt, würde Archibald Hopkins ihr sicher gern ausgeholfen haben. Aber Tanja liebte fremde Einblicke in ihr Portemonnaie ebensowenig wie in ihr Herz.

Als dann im Herbst 1940 Tanja wieder einmal in Cannes auftauchte, handelte es sich allerdings nicht um eine Vergnügungsreise von ungefähr. Die Kriegsereignisse hatten das Mädchen von Paris vertrieben, und nach einem trübsinnigen Aufenthalt in einer grauen Provinzstadt hatte sie sich darauf besonnen, daß man die Zeit bis zu einer möglichen Rückkehr ebensogut in einer erfreulichen Umgebung verbringen könnte.

Cannes hatte unter dem Druck der düstern Ereignisse viel von seiner Leichtigkeit verloren. Aber Sonne und blauer Himmel, spielende blaue Wellen und grüne Hügel wirken auf die Dauer eben doch suggestiv. So ließ sich's ein wenig aufatmen, hier. Die Shorts allerdings waren völlig von der Bildfläche verschwunden. Sie entsprachen nicht mehr dem Ernst der Zeit. Alle Frauen trugen sittsame, faltige Bauernröcke. Und Tanja hatte sich schnell aus ein paar bunten Tüchern einen geschneidert, dessen heitere Farben im Sonnenlicht sanft um ihre Knie wehten. Da in der langen und unruhigen Zeit auch ihr Haar gewachsen war und in zierlichen Locken auf ihre schmalen Schultern fiel, wirkte Tanja völlig verändert. Der breit fallende, farbige Rock gab ihrer schlanken Gestalt eine fast frauliche Würde.

So mochte es geschehen, daß Archibald Hopkins sie nicht erkannte, als sie unerwartet in dem kleinen Café am Hafen erschien. Er hatte längst die eleganten Bars aufgeben und diesen bescheidenen Ort zum Stammlokal wählen müssen. Denn durch die Kriegsereignisse waren ihm die einst so reichen Geldmittel fast abgeschnitten, und er hätte eigentlich klüger getan, in sein Heimatland zurückzukehren. Aber Archibald liebte Cannes und die Küste viel zu sehr und wollte lieber ganz bescheiden hier als anderswo in Üppigkeit leben.

Er plauderte ein paar Worte mit Tanja, so von Tisch zu Tisch, wie das in jenen kleinen Hafenlokalen üblich ist. Als sie bemerkte, daß er sie für eine Fremde hielt, ließ sie ihn bei seiner Meinung und machte keine Anspielung auf ihre einstmalige Bekanntschaft. Tanja war ja auch durch die Erlebnisse des letzten Jahres so viel ernster und reifer geworden. War sie nicht in der Tat heute eine ganz andere als jenes knabenhafte, unbeschwerte Geschöpf, das ohne viel Bedenken in den Tag hinein gelebt hatte? So ließ sie sich die Bewunderung Archibalds, die dieser neuen Tanja galt, mit der gleichen Lässigkeit gefallen, die den Amerikaner schon einmal an der andern so gefesselt hatte.

Es war ihr natürlich aufgefallen, daß Archibald nun nicht mehr im Wagen aus seiner Villa in die Stadt hinunter kam, sondern zu Rad. Aber seine Haltung war noch ebenso elegant, seine Manieren ebenso gepflegt wie ehedem. Nur eine leise Melancholie umwehte ihn, die seiner Erscheinung noch größeren Reiz verlieh. Er hatte auch offenbar die Gewohnheit nicht abgelegt, eine junge Dame, die ihm gefiel, zum Tee in seine Villa zu bitten. So betrat Tanja von neuem das weiße Haus im Park aus Mimosen und Palmen.

Sie fand alles unverändert. Kilty, die schwarzlockige Cockerhündin, sprang freudig jaulend an Tanja hoch. Sie hatte den einstigen Spielkameraden erkannt. Sie hatte ein besseres Gedächtnis als ihr Herr, der mit erstauntem Kopfschütteln die Zutraulichkeit des sonst so scheuen Tieres bemerkte. Der Butler mit der steinernen Miene fehlte. Er war mit dem größten Teil des Personals entlassen, wie Archibald berichtete. Ein kleines Hausmädchen servierte den Tee. Archibald seufzte. Die Kleine war nicht geschickt. Sie hatte auch zu viel Arbeit in dem großen Haus. Aber was wollte man machen, wenn die Gelder gesperrt waren, wer weiß auf wie lange?

Tanja kam wieder. Sie kam oft. Sie brachte ein wenig Ordnung in den verwahrlosten Haushalt, staubte die Vitrinen mit dem kostbaren Porzellan ab, an die das Mädchen sich nicht heranwagte, schnitt Blumen im Garten und ordnete sie in Vasen, bereitete Tee und Toast, wie es sich für den Stil des Hauses gehörte.

Archibald Hopkins fühlte sich wohl unter diesem hausfraulichen Walten, und Tanja gefiel sich so sehr in ihrer neuen Rolle, daß sie nicht einmal besonders überrascht war, als Archibald ihr eines Tages den Vorschlag machte, doch ganz hierher überzusiedeln, als wirkliche Dame des Hauses und als seine Frau.

Es gab ein paar Schwierigkeiten mit den Behörden, denn natürlich war Tanja einmal wieder mit ihren Papieren nicht in Ordnung. Aber eines Tages war es dann doch so weit, daß die beiden, von wenigen Freunden begleitet, die alte Kirche neben der Burg von Cannes betraten, und als sie nach kurzer Zeit wieder im Freien standen, um von der Plattform aus den zauberhaften Blick über den Hafen mit seinen tanzenden Schiffchen, die weite blaue Bucht und die sanftgewölbten grünen Hügel zu bewundern – da war Tanja Madame Hopkins geworden.

Am Abend saßen die beiden dann allein auf ihrer Terrasse. Späte Mimosen dufteten, und Tanja trug ein weitfaltiges, langes Kleid aus gelber Seide. Archibald sah ihr zu, wie sie mit Kilty spielte, und sagte sinnend: »Du bist doch das weiblichste Geschöpf, das ich mir vorstellen kann. Und trotzdem hast du manchmal etwas von einem kleinen Knaben. Du erinnerst mich sogar an jemand«, fügte er lächelnd hinzu.

Tanja stellte keinerlei Fragen. Sie war ja eine kluge Frau – und außerdem ohnehin im Bilde. Und Archibald seinerseits gab auch weiter keine Erläuterungen zu seiner abgebrochenen Bemerkung. Er war viel zu geschmackvoll, um seiner jungen Gattin von einer jungen Dame zu sprechen, die er vor ein paar Jahren einmal ganz gut gekannt hatte.

Die Studentin Luise Straus,
um 1912

Der Liebesbrief

Manchmal, wenn der Strom der Gäste ein wenig nachließ, sprang Louisou von seinem Platz auf der dunklen Straße die paar Stufen zum Vestibül hinauf. Und während die schluchzenden Klänge der Jazzkapelle oder der unnatürlich tiefe Alt der Regersängerin gedämpft zu ihm heraustönten, bewunderte er sich in dem hohen Wandspiegel. Er sah wirklich sehr hübsch und adrett aus in seiner blendend weißen Livree, die kecke Mütze ein wenig schräg über dem noch beinahe kindlichen Gesicht. Die Gäste der »Bonbonnière«, die mit nachlässigem Nicken oder amüsiertem Lächeln die tiefe Verbeugung des stupsnäsigen, kleinen Türhüters erwiderten, sahen natürlich nur seine blanke, gepflegte Außenseite.

Louisou selbst aber sah viel mehr. Für ihn stand hinter dem jungen Mann, der sich unter dem magisch verschleierten Licht langsam vor dem Spiegel hin- und herdrehte, immer noch der zerlumpte, halb verhungerte, kleine Bauernjunge, der sich beim Morgengrauen aus dem auvergnalischen Dorf fortgestohlen hatte – um seine Eltern zu entlasten, wie er dem Hofbesitzer erklärte, bei dem er zuerst Arbeit fand. Doch sich selber gestand er ein, daß er mindestens ebenso dringend ein besseres, leichteres, heitereres Leben ersehnte. Und hatte er's nicht in der Tat geschafft? Stand er nicht Abend für Abend vor einem der elegantesten Nachtlokale von Cannes in einer blitzsauberen Livree? Hatte er nicht zu essen und ein gutes Bett? Und sogar eine Braut, eine richtige Braut, die blondlockige Sylvie, Buchhalterin in einem feinen Modengeschäft auf der Croisette!

Zuerst war er sich sehr erwachsen und männlich vorgekommen, als alle Welt ihn mit seinem richtigen Taufnamen »Monsieur Louis« nannte. Doch Sylvie hatte bald herausgefunden, wie man ihn daheim zu rufen pflegte, und in ihrem Munde hatte der halbvergessene, weiche Kindername einen ganz neuen, warmen Klang bekommen.

Stundenlang konnte sie ihm zuhören, wenn er von seinen harten Jugend- und Wanderjahren erzählte. Sylvie dachte nicht weiter darüber nach, wann bei all diesen Beschäftigungen Louisou eigentlich Zeit gefunden hatte, zur Schule zu gehen. Und Louisou war nur froh, daß sie ihn nie danach fragte. Er war nämlich dazu niemals gekommen und konnte weder schreiben noch lesen. Einige Versuche, das Versäumte nachzuholen, waren fehlgeschlagen. Mit den Kindern des Hofbesitzers hatte er wenigstens die großen Druck-buchstaben unterscheiden gelernt. Aber es war ihm nie gelungen, Worte da-raus zusammenzusetzen. Und die Analphabetenkurse während seines Mi-litärdienstes hatten ihm auch nicht viele Fortschritte gebracht.

Da Louisou aber ein gewitzter Bursche war, verstand er den Mangel ge-schickt zu verschleiern. Er spitzte die Ohren, wenn irgendwo von Politik oder von Tagesereignissen gesprochen wurde. Später kaufte er dann eine Zeitung, sah eine Weile aufmerksam hinein und berichtete Sylvie zum Bei-spiel, daß die Japaner eine chinesische Stadt eingenommen hätten. »Aber du liest doch eben die Sportseite«, sagte Sylvie erstaunt. – »Natürlich, Kleines«, erwiderte Louisou überlegen, »ich habe es aber vorhin gelesen.«

Sylvie war übrigens gar nicht so entzückt über Louisous Beruf wie er selbst. »Ein Nachtlokal mit halbnackten Tänzerinnen und mit Sängerinnen, die sehr zweifelhafte Couplets singen, ist das eine Stellung für einen anständigen jun-gen Mann?« – Doch Louisou lenkte ein: »Ich stehe doch immer vor der Tür, sehe und höre nichts von dem, was drinnen vorgeht.« »Trotzdem«, schmollte Sylvie, »und außerdem ist dieser Posten ohne jede Aussichten für die Zukunft. Wenn du einmal älter wirst und nicht mehr so hübsch aussiehst wie heute, was wirst du dann anfangen? Und wie willst du eine Familie ernähren?«

Das sah Louisou nun ein, denn Sylvie so bald wie möglich zu heiraten und Kinder zu haben, das war sein sehnlichster Wunsch. Er versprach also,

Umschau zu halten. Aber es war dann die viel energischere Sylvie, die bald aufgespürt hatte, daß in einem der großen Hotels an der Croisette ein guter Posten frei geworden war. Louisou meldete sich und wurde tatsächlich angestellt. Er war davon allerdings gar nicht sehr entzückt. Schon die Tatsache, daß er im Innendienst des großen Betriebs nur eine grau-leinene Litewka ohne jeden Glanz trug, war ein schwerer Schlag für seine Eitelkeit. Noch bedenklicher war aber die Art seiner Tätigkeit. Er saß in einem kleinen Raum neben der Teeküche an einem Tisch, auf den die Bestellungen der Zimmerkellner aus einer Rohrpostleitung herunterfielen. Diese Bestellungen hatte er mündlich weiterzugeben. Seine wichtigste Funktion war also: zu lesen, und zwar möglichst schnell und selbstverständlich fehlerlos. Würde er damit zurechtkommen? Nun, Louisou ließ sich nicht so leicht abschrecken. Er probierte einfach mit ein bißchen Scharfsinn und viel Frechheit. Manchmal hatte er Glück, besonders in Stunden, da der Dienst nicht zu sehr drängte. Dann gelang es ihm tatsächlich, eine Bestellung richtig durchzugeben. Manchmal konnte er auch ganz harmlos einem andern Angestellten den Zettel vorhalten und auf irgendein angeblich unleserlich geschriebenes Wort hinweisen. Und meistens las dann der Befragte mechanisch den ganzen Text der Bestellung herunter, so daß Louisou wußte, woran er war.

Aber dieses bequeme Mittel war natürlich nicht immer anwendbar. Und so konnte es geschehen, daß zwei strenge, alte Engländerinnen statt ihres Frühstücktees Whisky-Soda erhielten; oder einem feurigen Argentinier, der auf eine junge Dänin Eindruck zu machen wünschte, wurde Pfefferminztee serviert an Stelle des erwarteten Champagners. Manchmal merkten die Zimmerkellner den Irrtum, der noch schnell repariert werden konnte, ehe es zu Klagen der Gäste kam. Aber die Beschwerden mehrten sich. Und man teilte Louisou mit, daß er zum 1. September gekündigt sei. Er war recht betreten und hoffte nur, man werde wenigstens Sylvie den Grund seiner Entlassung verschweigen.

Diese Entlassung selbst verlor aber ihre ganze Bedeutung. Denn der Krieg brach aus. Die meisten Ausländer reisten ab. Und Louisou auch. Zu seinem Regiment.

Sylvie begleitete ihn zum Bahnhof. Auf dem verdunkelten Quai standen Hunderte junger Männer, noch ohne Uniform, erwartungsvoll beieinander, suchten durch Johlen und lautes Gelächter ihre Familie und sich selbst über die traurige Stimmung wegzutäuschen. Sylvie schluchzte. »Du wirst mir sehr oft schreiben, nicht wahr, Louisou?« – Der nickte ein wenig gedankenlos. Dann fiel ihm die Schwierigkeit dieses Unternehmens ein, und er fügte eilig hinzu: »Natürlich nicht so sehr oft, Liebling, du mußt doch verstehen, ich werde nicht immer Zeit haben, der Dienst an der Front, weißt du …«

Nun, Sylvie war schon zufrieden, wenigstens von Zeit zu Zeit ein Lebenszeichen von ihrem Louisou zu bekommen. Es stand nicht viel in diesen Briefen, aber die andern Soldaten schrieben auch nicht ausführlicher. Die strengen Zensurvorschriften waren genug Entschuldigung für die Einsilbigkeit. Manchmal wollte es Sylvie scheinen, als sei die Handschrift nicht immer die gleiche. Doch war nicht das unzureichende Schreibmaterial eine gültige Erklärung dafür? Natürlich sah ein mit Bleistift geschriebener Brief anders aus als ein mit wässriger Tinte gekritzelter. Und an einem hölzernen Kantinentisch schrieb es sich anders als auf den Knien. Sylvie kam also nie auf den Gedanken, daß Louisou sich ihre zärtlichen Episteln von einem Kameraden vorlesen ließ und ihm dann auch die Antworten diktierte. Sie war zufrieden, daß er lebte und gesund war und sich anscheinend nicht an sehr gefahrvoller Stelle befand. Und sie wünschte sehnlich seine Rückkehr.

Bis dann eines Tages jener Brief eintraf, der sie in so tiefe und dauerhafte Entrüstung versetzte. Schon die Überschrift war sonderbar. »Meine liebe kleine Frau«, schrieb er. Das entsprach durchaus nicht den Tatsachen und war eigentlich ungehörig. Immerhin klang es zärtlich und wie ein Versprechen auf eine glückliche Zukunft. Es mochte also hingehen. Dann kamen die üblichen Sätze über die Gesundheit, das Wetter, die Verpflegung, Fragen nach Sylvies Wohlergehen, aber dann … der Schluß! »Ich will nun schließen. Küss' unsere lieben Kinder herzlich von mir, und sei selbst umarmt von Deinem treuen Louisou.«

Louisou konnte sich zuerst gar nicht erklären, was die paar hingeworfenen Sätze bedeuteten, die ihm ein Kamerad – es war nicht der gleiche, der den unglückseligen Brief geschrieben hatte – vorlas. »Lieber Louisou, Deinen Brief habe ich erhalten und bitte Dich, mir von jetzt an nicht mehr zu schreiben. Du weißt, daß alle Briefe von der Zensur geöffnet werden, und es ist sehr unrecht von Dir, mit Deinen albernen Witzen den guten Ruf eines anständigen Mädchens zu gefährden. Sylvie.«

Louisou stürmte zu seinem ahnungslosen Sekretär. »Du Scheusal, was hast du angerichtet?« – Der lachte behaglich in seinen großen, schwarzen Schnurrbart. »Was willst du? Hast du mir nicht selbst gesagt, ich solle zum Schluß etwas recht Liebes schreiben, so wie für meine eigene Frau? Schließlich bin ich kein Schriftsteller. Ich habe den gleichen Satz bis jetzt in jedem Brief an meine Frau geschrieben, und sie war noch nie beleidigt.«

Von nun an diktierte Louisou keine Briefe mehr. Aber in jeder freien Minute konnte man ihn in irgendeiner Ecke hocken sehen, wo er eifrig kritzelte und malte. Es war ein schweres Stück Arbeit, aber endlich hatte er's doch geschafft. Mit der Adresse ging es dann schon leichter. Er kopierte Strich für Strich nach dem Absender auf Sylvies letztem Brief.

Sylvie war nicht wenig erstaunt, nach wochenlanger Pause einen Brief in großen, ungeschickten Druckbuchstaben zu erhalten, der nur aus einem einzigen Satz bestand: »Liebe Sylvie, ich habe dich sehr lieb. Louisou.«

Das war im Mai. Während sie noch darüber nachdachte, ob sie diese seltsame Mitteilung beantworten solle und in welcher Form, erhielt sie ein Schreiben aus Marseille. Eine Krankenschwester teilte ihr mit, daß Louisou mit einer Verwundung im Hospital liege. Nun war aller Groll vergessen. Sylvie reiste schleunigst nach Marseille. Sie fand Louisou noch völlig bandagiert, doch schon auf dem Weg der Besserung. »Nun sag mir nur«, fragte sie, während sie seine gesunde Hand streichelte, »was war das für eine Geschichte mit dem Brief?« Da blieb ihm nichts weiter übrig, als alles zu erzählen. Er war sehr erleichtert, als er sah, daß Sylvie ihn keineswegs verachtete. Sie schien geradezu glücklich über die Aufklärung dieses Mißverständnisses. »Aber weißt du, wenn du wieder gesund bist, dann lehre ich dich schreiben.«

Ein Schatten ging über Louisous schmal gewordenes Gesicht. Er dachte an die wochenlange schwere Arbeit, die ihn dieser einzige Satz gekostet hatte. »Ach Liebling«, sagte sie lächelnd, »schreiben ist so furchtbar schwer! Nun ist der Krieg ja für uns zu Ende, und wir müssen uns hoffentlich nie mehr trennen. Da brauchen wir ja schließlich gar keine Briefe mehr. Mündlich geht doch alles viel leichter!«

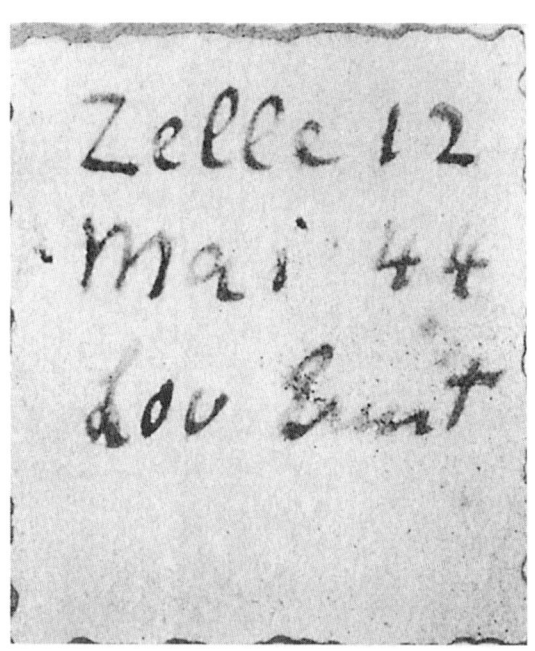

Luise Straus im
Internierungslager Drancy
Paris, Mai 1944

Luise Straus-Ernst, Max mit Jimmy, Gala
und Paul Éluard im Atelier von Max Ernst
Köln, Anfang November 1921

Achim Sommer

Zum Buch

Knapp fünf Jahre nach der Eröffnung des Max Ernst Museums in Brühl wurde im Oktober 2010 der große Wechselausstellungssaal nach Luise Straus-Ernst benannt und erinnert seitdem an die erste Ehefrau des weltbekannten Künstlers. Dallas Ernst, die Witwe von Jimmy Ernst, dem einzigen Sohn von Luise Straus und Max Ernst, konnte zusammen mit ihren Kindern Amy und Eric an der feierlichen Einweihung teilnehmen. Damals entstand auch die Idee, die bisherige Kenntnis über den wechselvollen und tragisch endenden Lebensweg der jüdischen Kunsthistorikerin und Journalistin, die 1893 in Köln geboren und 1944 als Opfer des nationalsozialistischen Terrors deportiert und in Auschwitz ermordet wurde, durch einen Band mit einer Auswahl ihrer Reportagen und Erzählungen zu vertiefen.

Die Grundlage für ein Verzeichnis der Schriften von Luise Straus lieferte vor drei Jahrzehnten Susanne Liesenfeld, als sie für den 1980 von Wulf Herzogenrath für den Kölnischen Kunstverein herausgegebenen Ausstellungskatalog »Max Ernst in Köln. Die rheinische Kunstszene bis 1922« etliche Veröffentlichungen aus den Jahren 1919 bis 1932 zusammenstellen konnte. Es handelt sich hierbei um jene Texte, die Luise Straus während ihrer Kölner Jahre für die zahlreichen Kunstzeitschriften der Zeit geschrieben hatte – etwa für »Westdeutsche Wochenschrift«, »Feuer«, »Kunstchronik und Kunstmarkt«, »Zeitschrift für bildende Kunst«, »Das Kunstblatt«, »Rheinische Heimatblätter«, »Die Kunst«, »Deutsche Kunst und Dekoration« sowie für die renommierte Berliner Kulturzeitschrift »Der Querschnitt«.

Nach dem Ende der Weimarer Republik und mit der Errichtung der nationalsozialistischen Diktatur in Deutschland verließ Luise Straus, die als Jüdin und Intellektuelle für das neue Regime doppelt verdächtig war, ihre Geburtsstadt Köln, um in Paris zu leben und dort neue Arbeitsmöglichkeiten zu finden. Während der Exilzeit entstanden neben dem Roman »Zauberkreis Paris« zahlreiche Zeitungsartikel, die Luise Straus von 1933 bis 1938 im »Pariser Tageblatt« und nachfolgend in der »Pariser Tageszeitung« unter ihrem Namen, aber auch unter Pseudonymen wie Louise Amelie oder Ulla Bertram veröffentlichen konnte, worauf Lutz Winckler bereits 1993 in dem Band »Frauen und Exil« des internationalen Jahrbuchs »Exilforschung« hingewiesen hat.

Während der Vorbereitung der vorliegenden Textsammlung konnte Jürgen Pech, wissenschaftlicher Leiter des Max Ernst Museums, einer dritten Quelle auf den Grund gehen, der er bereits vor Jahren das erste Mal begegnet war. Von Anfang April 1933, also knapp zwei Monate vor ihrer Flucht aus Köln, bis Ende Juli 1941 erschienen in unregelmäßigen Abständen immer wieder Feuilletonbeiträge von Luise Straus in der »Neuen Zürcher Zeitung«. Diese Reportagen und Erzählungen, die durch die Unterstützung von Ruth Haener, der Leiterin des dortigen Redaktionsarchivs, und ihrer Kollegin Barbara Stolba zugänglich gemacht wurden, erweitern einerseits die Zeitspanne der bisher bekannten Veröffentlichungen von Luise Straus bis in die ersten Jahre des Zweiten Weltkriegs hinein. Andererseits sind die Neuentdeckungen derart außergewöhnlich und lesenswert, dass deren größter Teil in die vorliegende Auswahl aufgenommen wurde.

Wegen dieser Trouvaillen wurde dann auch die ursprüngliche Idee, sowohl kunsthistorische Texte und Rezensionen aus den Kölner Aufbruchsjahren als auch Kurzgeschichten und Berichte aus der Exilzeit in Paris zu berücksichtigen, zugunsten einer Konzentration ganz auf die Jahre nach der Emigration abgewandelt. In diesen späten Beiträgen schwingt ein nachdenklicher Ton mit, eine Reflexion über das Verhältnis der Geschlechter durchzieht die unterhaltsamen Texte, weshalb diese Jahre vor allem auch als Zeit der Auseinandersetzung Luise Straus' mit sich selbst zu charakterisieren sind – hierauf verweist der Titel »Eine Frau blickt sich an«.

Neben dem einleitenden Beitrag von Jürgen Pech, der diese Phase literarischer Selbsterkundung erläutert, ergänzen zwei weitere Essays den Band. Während der international renommierte Kunsthistoriker Werner Spies, dem Haus von Anfang an eng verbunden, die Kölner Dada-Zeit zu Beginn der zwanziger Jahre des letzten Jahrhunderts Revue passieren lässt und auf die Bedeutung von Luise Straus für die Vermittlung der aufrührerischen Avantgarde-Bewegung hinweist, spannt Jürgen Wilhelm, Vorsitzender der Landschaftsversammlung Rheinland und Vorsitzender des Vorstands der Stiftung Max Ernst, einen Bogen zwischen Luise Straus und Heinrich Heine, die beide – mit einem Abstand von hundert Jahren – in Deutschland Anfeindungen ausgesetzt waren und als Exilanten in Paris lebten.

Allen Beteiligten möchte ich als Direktor des Museums für ihr Mitwirken herzlichst danken: Amy und Eric Ernst, die ganz im Sinne ihrer im Juni 2011 verstorbenen Mutter Dallas die Entstehung des Buchs unterstützt haben, den Autoren sowie Damian van Melis und seinem Team vom Greven Verlag Köln. Denn nur durch ihr gemeinsames Engagement ist es möglich, eine außergewöhnliche Kunsthistorikerin und Journalistin dem Vergessen zu entreißen und wieder stärker im Bewusstsein einer interessierten Öffentlichkeit zu verankern.

Luise Straus beim Besuch des Reichspräsidenten Paul von Hindenburg
anlässlich der Befreiungsfeiern nach Ende der Rheinlandbesetzung
Koblenz, 22. Juli 1930

Jürgen Pech

Von der Vergangenheit zum Selbst – neuentdeckte Texte der Journalistin Luise Straus

Der Titel »Eine Frau blickt sich an«, der diese Sammlung ausgewählter Texte aus den Jahren 1933 bis 1941 zusammenfasst, stammt zwar nicht von Luise Straus selbst, geht aber auf die Autorin zurück. Er variiert die Überschrift der Erzählung »Zwei Frauen blicken sich an«, die im April 1933 in der »Neuen Zürcher Zeitung« abgedruckt wurde und nun diesen Band eröffnet. Luise Straus schildert darin die erste Verliebtheit ihres zehnjährigen Sohnes Jimmy Ernst, die Veränderungen in seinem Verhalten, seine Sorge, durch Äußerungen der Mutter blamiert zu werden, sowie die Begegnung mit dem jungen Mädchen. Einfühlsam beschreibt sie die gegenseitige Betrachtung der Mutter und der jungen Frau und wie ihr bewusst wird, dass ihr zum ersten Mal ein Stück vom Herzen ihres Kindes weggenommen wird, sie in Zukunft ihre Mutterliebe teilen muss. Eine unterhaltende Nachdenklichkeit durchzieht diese Kurzgeschichte wie auch viele andere ihrer Erzählungen. Vermehrt zeichnet Luise Straus in diesen Jahren neben ihren Reportagen auch persönliche Erlebnisse auf, die ihr im Exil und in ihren Beziehungen, als Mutter oder als Geliebte, widerfahren sind, und reflektiert in den entstandenen Geschichten gleichermaßen ihre Situation und ihr Selbst.

Die Erzählung »›Die elegante Dame trägt …‹«, die knapp drei Jahre später, Anfang 1936, zuerst in der »Neuen Zürcher Zeitung« und dann im »Pariser Tageblatt« erschienen war, ist trotz ihrer Kürze vielschichtig angelegt. Der Titel lässt an einen Modebericht denken, bekundet aber lediglich eine Wunschvorstellung. Er ist Zeile eines Textes, an dem die Protagonistin arbeitet, doch er passt nicht zu ihrem kargen Leben, das sie in einer Dachkammer fristen muss. Luise Straus verwebt Fiktion und Wirklichkeit, verschränkt die Gegenwart mit der Vergangenheit, denn das, was sowohl sie als auch die Hauptperson der Kurzgeschichte früher in der Puccini-Oper »La Bohème« als Bühnenillusion gesehen hatten, ist nun ihre Realität geworden: ein ärmliches Leben unter Menschen im Exil.

In ihren Feuilletonbeiträgen verarbeitet Luise Straus ihre Lebensumstände und ihr gesellschaftliches Umfeld, wobei sie immer wieder auf bestimmte, ihr wichtige Themen zurückkommt: Trennung und Verlust, Einsamkeit und Entfremdung, Geheimnisse und Missverständnisse. Ihr Blick auf Personen, die am Rande der Gesellschaft stehen, auf das Milieu und die sozialen Probleme der Exilanten und ihre Sympathie für die Benachteiligten erinnern an die Spielfilme von Marcel Carné, René Clair und Jean Renoir, die zur gleichen Zeit die Ära des »Poetischen Realismus« im französischen Film begründeten.

Studium und erste Erfolge

Am Anfang des schriftstellerischen Werkes von Luise Straus steht ihre Doktorarbeit. Nach dem Abitur hatte die 18-jährige Tochter von Jacob und Charlotte Straus, einem jüdischen Fabrikantenehepaar aus Köln, zum Sommersemester 1912 an der Rheinischen Friedrich-Wilhelms-Universität in Bonn ihr Studium der Fächer Kunstgeschichte, Archäologie und Geschichte begonnen und am 6. Dezember 1916, mitten im Ersten Weltkrieg und vier Tage nach ihrem 23. Geburtstag, mit der mündlichen Prüfung abgeschlossen. Ihre Dissertation »Zur Entwicklung des zeichnerischen Stils in der Cölner Goldschmiedekunst des XII. Jahrhunderts« wurde im Jahr darauf veröffentlicht. Gertrud Simsa, der Luise Straus während eines Gastsemesters in Berlin begegnet war, beschrieb sie später als »klug, liebenswürdig, zierlich, mit blondem, etwas lockigem Haar und feiner gebogener Nase. Ihre Augen waren groß und blau.« Den Sprung von der kunsthistorischen Vergangenheit in die Gegenwart der zeitgenössischen Kunst markiert der Zeitungsartikel

Meinen lieben Schwiegereltern gewidmet.

Luise.

ZUR ENTWICKLUNG
DES ZEICHNERISCHEN STILS IN DER
CÖLNER GOLDSCHMIEDEKUNST DES
XII. JAHRHUNDERTS

Dissertation von Luise Straus mit Widmung
an Philipp und Luise Ernst

»Albrecht Dürer und die neue Kunst«, der Anfang 1917 in der literarischen Beilage zum »Kölner Tageblatt« erschienen war und in dem Luise Straus die abstrakt geometrischen Formen des Kubismus mit Dürers menschlichen Proportionsstudien in Beziehung setzt. Den Inhalt hatte sie zuvor mit Max Ernst diskutiert, den sie während des Studiums kennengelernt hatte und am 7. Oktober 1918, einen Monat vor Ende des Ersten Weltkriegs, heiraten sollte. Nach dem erfolgreichen Abschluss des Studiums erhielt Luise Straus eine Anstellung als wissenschaftliche Hilfsarbeiterin am Kölner Wallraf-Richartz-Museum und übernahm im Januar 1919, nach dem Tod von Joseph Poppelreuter, dem Direktor der Skulpturen- und Antikensammlung, kommissarisch die Museumsleitung, die sie bis zum Ende des Jahres innehatte. Während dieser Zeit stellte sie im Juli 1917 eine Ausstellung mit Kriegsdarstellungen in der Graphik vom 15. bis zum 18. Jahrhundert zusammen, berichtete in der Kunstzeitschrift »Feuer« über Ausstellungen zur »Cölnischen Volkskunst« im Städtischen Kunstgewerbemuseum und zu Hans Thoma im Wallraf-Richartz-Museum, arbeitete für die neu gegründete »Gesellschaft der Künste« und schrieb in der Wochenschrift »Kunstmarkt und Kunstchronik« über die beiden Dada-Ausstellungen, mit denen die Künstler um Max Ernst in Köln für provozierende Skandale sorgten. Aber auch mit öffentlichen Auftritten setzte sich die junge Kunsthistorikerin für ihr Kulturverständnis ein: Ein Vortrag, den sie am 10. Dezember 1919 im Kölner Pallenbergsaal gehalten hatte, wurde am Tag darauf im »Kölner Stadt-Anzeiger« als »Lobpreisung auf die angeblich glänzenden Volksbildungsbestrebungen Sowjet-Rußlands und die angeblich ebenso glänzenden Bemühungen der ungarischen Räterepublik« kritisiert. Der Artikel schildert weiter, dass die Vortragende »in dem Expressionismus die glücklichste Ausdrucksform der jungen proletarischen Kunst sieht, die, wie sie ausführte, im Begriff stehe, die materielle bürgerliche Kultur abzulösen«. Der Tenor entsprach dem aufrührerischen Geist, der viele junge Intellektuelle zu Beginn der Weimarer Republik beherrschte. So schrieb die Kommilitonin Carola Giedion-Welcker im Rückblick von einem »geistig aktiven Mitgehen mit dem russischen Kommunismus in der Studentenzeit«.

Neubeginn und goldene Jahre als Journalistin

Am 24. Juni 1920 wurde ihr Sohn Hans-Ulrich geboren, der bald den Namen Jimmy erhielt, benannt nach den »Jimmies«, den englischen Besatzungssoldaten im Rheinland. Luise Straus schränkte ihre publizistische Tätigkeit vorerst ein. 1922 folgte die Trennung von Max Ernst, der mit dem französischen Dichter Paul Éluard und dessen Frau Gala eine »ménage à trois« begonnen hatte und nach Paris gezogen war. Die Ehe wurde vier Jahre später, am 5. April 1926, offiziell geschieden. Luise Straus brachte sich und Jimmy, unterstützt von der Haushälterin Maja Aretz, anfangs mit verschiedenen Tätigkeiten durch die Inflationszeit. Sie katalogisierte eine große Privatsammlung von chinesischem Porzellan, war Buchhalterin in einer Spitzen- und Stickereifabrik, bot Museumsführungen an, gab Kurse in Kunstgeschichte und arbeitete als Sekretärin in der Galerie von Alfred Newman und Andreas Becker. Ab Mitte der zwanziger Jahre intensivierte sie dann wieder ihre kunsthistorische und journalistische Tätigkeit. 1925 brachte das »Wallraf-Richartz-Jahrbuch« in seinem zweiten Band ihren Aufsatz über Joseph Hoffmann, einen Kölner Maler des Klassizismus, 1928 folgte ein Beitrag über Franz Josef Manskirsch, einen Landschaftsmaler des 18. und frühen 19. Jahrhunderts. Ebenfalls 1925 veröffentlichte sie zusammen mit dem Galeristen Andreas Becker in der Oktoberausgabe des populären Berliner Monatsmagazins »Der Querschnitt« einen Rückblick auf die Kölner »Jahrtausendausstellung der Rheinlande«, mit der vor dem Hintergrund der alliierten Rheinlandbesetzung die Verbundenheit der Region mit dem Deutschen Reich dokumentiert werden sollte. Kaleidoskopartig stellten beide eigene Eindrücke und Reaktionen der Besucher zusammen. Der Artikel hinterfragt süffisant die historische Grundlage der Ausstellung und weist bissig auf das geplante Museum der Rheinlande hin, »das alles dazu tun wird, den ausgestellten Objekten den unangenehmen Kunstbeigeschmack zu nehmen, und mit den Porträtbüsten von Hartung, Klemperer und vom Neandertalmenschen ein dauerndes Monument des rheinischen Frohsinns und des Deutschtums bilden wird«.

Auch später blieb Luise Straus ihrer kritischen und teils scharfzüngig formulierten Meinung treu. So behandelte sie in ihren ersten Exiljahren in einem Artikel für das »Pariser Tageblatt« die Anregung des Reichsinnenministers, Schreibmaschinen mit deutscher Schrift, der Fraktur oder Bruchschrift, einzuführen, und spottete: »Und das gibt zu denken, denn das Wort ›Bruch‹ hat nun einmal im Deutschen besonders in Verbindung mit ›Maschine‹ eine peinliche Bedeutung von Minderwertigkeit. Und so wird es ja denn auch wohl bestellt sein um diese ›Bruchschriftmaschine‹.«

Für den Beginn ihrer Karriere und ihrer erneuten Hinwendung zur kulturellen Berichterstattung war die Ausstellung »Asiatische Kunst« von entscheidender Bedeutung. Organisiert von ihrem Bonner Studienkollegen Alfred Salmony, seit 1920 Kustos am Kölner Museum für Ostasiatische Kunst, fand diese von Oktober bis November 1926 im Kölnischen Kunstverein statt. Luise Straus war aufgrund ihrer früheren Beschäftigung mit chinesischem Porzellan für das Verfassen fachkundiger, die Ausstellung begleitender Artikel prädestiniert und erhielt vom Museum Empfehlungen für Tageszeitungen und Zeitschriften. Die dabei geknüpften Kontakte baute sie weiter aus und fortan veröffentlichten zahlreiche Kunstzeitschriften ihre Beiträge. Auch für das »Kölner Tageblatt« wurde sie wieder tätig. So druckte die Tageszeitung am 31. Oktober 1926 ihren Text zum 60. Geburtstag ihres Doktorvaters Paul Clemen auf der Titelseite ab. Die Bandbreite ihrer journalistischen Tätigkeit umfasste neben kunsthistorischen Themen auch sämtliche Facetten der zeitgenössischen Kunst und Kultur. Sie rezensierte Ausstellungen des Wallraf-Richartz-Museums, des Kölnischen Kunstvereins, des Deutschen Künstlerbunds und der Galerie von Alfred Flechtheim in Düsseldorf, sie widmete sich den Werken von so unterschiedlichen Künstlern wie Richard Seewald, Arno Breker, Hans Lüttgen, George Minne, der Düsseldorfer Maler Werner Peiner und Max Stern, des Kölner Fotografen August Sander oder des Kirchenmalers Peter Hecker. Sie informierte über den Neubau des Düsseldorfer Kunstpalasts und die Gründung des Museums Folkwang in Essen, sie erarbeitete einen Überblick über die Architektur im Rheinland und berichtete über neue Geschäftsbauten in Köln. In ihrer Besprechung des Museums Folkwang lobte sie die völlig neuartige Präsentation der Sammlung, in der beispielsweise Werke von Emil Nolde zusammen mit Südseemasken gezeigt wurden, fragte aber auch spitz, »warum die Heizungsanlage ausgerechnet an der einzigen Stelle angebracht ist, wo sie nicht sein dürfte, nämlich unter den Bildern«.

Für Luise Straus begannen nun die goldenen Jahre ihrer journalistischen Karriere. Sie wurde Kunstberichterstatterin für die angesehene, in Berlin erscheinende »Vossische Zeitung« und ständige Korrespondentin für das Rheinland bei den »Dresdner Neuesten Nachrichten«. Durch ihre überregionale Anerkennung wurde sie schließlich als Mitglied in den »Verein auswärtiger Presse« aufgenommen. Auch für das damals noch junge Medium Rundfunk war sie tätig: Im Funkhaus in der Kölner Dagobertstraße 38 berichtete sie im Mai/Juni 1929 in der Sendereihe »Kunstwanderung im Rheinland« über vergessene Kunstdenkmäler und zum Tod des Künstlers Jan Thorn Prikker sprach sie einen Nachruf. 1928 zog Luise Straus mit Jimmy und der Haushälterin Maja Aretz in die Emmastraße 27 im Kölner Stadtteil Sülz. Im selben Jahr wurden beide von dem Fotografen August Sander porträtiert, der die Aufnahme in seinem groß angelegten Projekt »Menschen des 20. Jahrhunderts« für die Mappe »Mutter und Kind« vorgesehen hatte.

In den letzten Jahren der Weimarer Republik nutzte Luise Straus ihr Renommee, um mit ihrer journalistischen Tätigkeit verstärkt weibliche Positionen in Kunst und Kultur zu propagieren – etwa von Constanze Bischoff, Marta Hegemann, Ruth Horadam, Lucia Schmidt oder Tatjana Barbakoff – und auf jüdische Künstlerinnen und Künstler wie Käthe Ephraim Marcus oder Moissey Kogan aufmerksam zu machen. Auch während der Exilzeit ließ ihr Interesse nicht nach. So schrieb sie 1934 zwei Berichte über die Tänzerin Tatjana Barbakoff, verfasste 1935 für den als »entartet« diffamierten polnisch-jüdischen Künstler Jankel Adler das Katalogvorwort zu seiner Ausstellung in Łódź und rezensierte 1937 unter ihrem Pseudonym Ulla Bertram die Bücher und Neuerscheinungen von Christa Winsloe, Fannina W. Halle und Adrienne Thomas.

Luise Straus erweiterte zunehmend das inhaltliche Spektrum ihrer Arbeit, wandte sich von der Kunst der Vergangenheit und Gegenwart ab und richtete ihren Blick vermehrt auf die Menschen der Gesellschaft und schließlich auf sich selbst. Exemplarisch für diese Entwicklung sind etwa zwei Berichte über den Kölner Karneval, die »Der Querschnitt« 1927 und 1931 abdruckte, sowie ein Beitrag über das kölnische Nachtleben, den sie ebenfalls, jedoch unter dem Pseudonym Ernst Luart, in dem Berliner Monatsmagazin veröffentlichte. Als weitere Beispiele seien ein Artikel zum 65. Geburtstag der Düsseldorfer Kunsthändlerin Mutter Ey im Jahr 1929 und ein Bericht über Peter Kürten, den Mädchenmörder von Düsseldorf, aus dem Jahr 1930 genannt.

Schreiben im Exil

Am 30. Januar 1933 wurde Adolf Hitler Reichskanzler. Bereits einen Monat später durchsuchte die SS die Wohnung von Luise Straus, die als jüdische Intellektuelle in besonderem Maße unter der Beobachtung des neuen Regimes stand. Am 28. Mai 1933 verließ sie Köln, um fortan in Paris zu leben und zu arbeiten. Jimmy Ernst wohnte in den ersten Jahren ihres Exils bei ihrem Vater Jacob Straus, begann am 3. Juni 1935 eine Ausbildung in der Druckerei Augustin in Glückstadt bei Hamburg und konnte seine Eltern regelmäßig in Paris besuchen. Durch J. J. Augustin, den Sohn des Druckereibesitzers Heinrich-Wilhelm Augustin, erhielt er schließlich ein Ausreisevisum nach Amerika und erreichte am 9. Juni 1938 New York, wo er in der Zweigniederlassung der Firma als Schriftsetzer arbeitete.

In Paris freundete sich Luise Straus mit dem Kunstjournalisten und Fotografen Fritz Neugass an und bezog im Oktober 1933 in dem Hotel in der Rue Toullier 11, in dem er wohnte und wo dreißig Jahre zuvor Rainer Maria Rilke seine ersten Monate in Paris verbracht hatte, ebenfalls ein Zimmer. Anfangs schlug sie sich mit Deutschstunden und Französischunterricht für Emigranten durch, konnte aber regelmäßig auch Reportagen und Erzählungen in der »Neuen Zürcher Zeitung«, im »Pariser Tageblatt« und in der »Pariser Tageszeitung« veröffentlichen. Im Sommer 1936 reisten Luise Straus und Fritz Neugass für mehr als drei Monate durch Griechenland und sandten Fotoreportagen an französische, schweizerische, englische und amerikanische Blätter. Beobachtungen dieser Reise flossen in die erzählerischen Reportagen »Wallfahrt nach Tinos« und »Hotelzimmer mit Kino« des vorliegenden Bandes ein.

Ab Juni 1939 lebten beide ständig in Cannes, wo sie schon in den Jahren zuvor bei Madame Chaban in der Rue du Grand Hotel 6 Unterkunft gefunden hatten. Nach Ausbruch des Zweiten Weltkriegs wurde Fritz Neugass als »Staatsangehöriger feindlicher Staaten« in Antibes und anschließend in Les Milles interniert, von wo aus er im Rahmen einer paramilitärischen Hilfseinheit zur Unterstützung der französischen Armee nach Manosque kam. Im Mai 1940 marschierten die deutschen Truppen in Frankreich ein und Luise Straus wurde wie viele Frauen deutscher und österreichischer Herkunft in das Sammellager Gurs nahe der spanischen Grenze gebracht. Nach drei Wochen konnte sie am 21. Juni 1940 das Lager verlassen und zusammen mit Fritz Neugass nach Cannes zurückkehren. Nach dem deutsch-französischen Waffenstillstand vom 22. Juni 1940 erfolgte die Aufteilung Frankreichs in eine besetzte und eine unbesetzte Zone. Im Februar 1941 wurden beide aus dem Departement Alpes-Maritimes ausgewiesen, konnten aber zunächst noch einen vorläufigen Aufschub ihrer Ausweisung erwirken. Zur selben Zeit erhielt Luise Straus ein Telegramm aus Marseille, in dem ihr mitgeteilt wurde, dass bei der amerikanischen Hilfsorganisation »Emergency Rescue Committee«, die sich unter der Leitung des Journalisten Varian Fry seit einem halben Jahr um die Rettung bekannter Persönlichkeiten kümmerte, ihr Visum für die Ausreise nach Amerika eingetroffen sei. Jimmy Ernst hatte für seine Eltern ein gemeinsames Visum beantragt, da sein Vater in Marseille ebenfalls auf seine Erlaubnis zur Ausreise nach Amerika wartete. Doch das gemeinsame Visum der geschiedenen Eltern wurde nicht anerkannt und den Vorschlag von Max Ernst, zu diesem Zweck erneut zu heiraten, lehnte Luise Straus ab. Als Ende Juni 1941 ihr eigenes Ausreisevisum ausgestellt werden sollte und sie lediglich noch auf die Zuteilung ihrer Quotennummer hätte warten müssen, wurden die amerikanischen Einwanderungsgesetze geändert und Visa nur noch auf ausdrückliche Anweisung des Außenministeriums in Washington erteilt. Aus dieser Zeit stammt die Erzählung »Der Liebesbrief«, ihre letzte bislang bekannte Veröffentlichung, die den vorliegenden Band abschließt und in der sie die grotesken und überraschenden Auswirkungen des Kriegsausbruchs auf eine Liebesbeziehung schildert. Während Fritz Neugass durch eine Bürgschaft seiner Eltern in New York im Dezember 1941 die Ausreise über Casablanca gelang, hatte Jimmy Ernst, der noch nicht die amerikanische Staatsbürgerschaft besaß, keine weiteren Möglichkeiten mehr, seiner Mutter zu helfen.

1942 kam Luise Straus bei dem provenzalischen Schriftsteller und Dichter Jean Giono unter, den Fritz Neugass während seiner Stationierung in Manosque kennengelernt hatte. Hier schrieb sie ihre Lebenserinnerungen nieder, denen sie den Titel »Nomadengut« gab, um ihr unruhiges und unsicheres »Leben voller Zufälle, voller Überraschungen und Abenteuer« – wie sie es selbst formulierte – zu charakterisieren. Die Erzählungen und Reportagen des vorliegenden Bandes können mit ihrem Formulierungstalent, ihrer Beobachtungsgabe und ihrem Einfühlungsvermögen als Vorstufen dieser Autobiografie verstanden werden. Am Samstag, dem 29. April 1944, wurde Luise Straus in der Nacht in einem Hotel in Manosque festgenommen. Das Datum vermerkte Jean Giono in seinem »Journal de l'Occupation«. Nur fünf Wochen später landeten die alliierten Truppen in der Normandie und in den Tagen vom 19. bis zum 24. August 1944 wurde Paris von der deutschen Besatzungsmacht befreit. Das letzte Lebenszeichen ist eine Fotografie, die Luise Straus im Profil zeigt und die im Mai 1944 im Internierungslager Drancy bei Paris entstanden war. Am 30. Juni 1944 wurde sie mit einem der letzten Züge nach Auschwitz deportiert.

In seinem Erinnerungsbuch »Nicht gerade ein Stilleben« weist Jimmy Ernst auf den »Geist der Humanität« hin, der seine Mutter beseelte und den sie auch an ihn weitergegeben hat. Die neuentdeckten Texte spiegeln diese Einstellung facettenreich wider; sie sind sowohl unterhaltsam als auch nachdenklich. Die große Bandbreite der Stimmungen, die ihre Reportagen und Erzählungen vermitteln, entspricht einem weiteren Bild, das uns der Sohn von seiner Mutter gibt: »Nie schwand ihr Optimismus, und doch war da ab und zu ein Unterton der Verzweiflung, als sollte unser glückliches Zusammenleben der letzte Akt eines Schauspiels sein, dessen Botschaft auf dem Weg aus dem Theater verloren gehen könnte.«

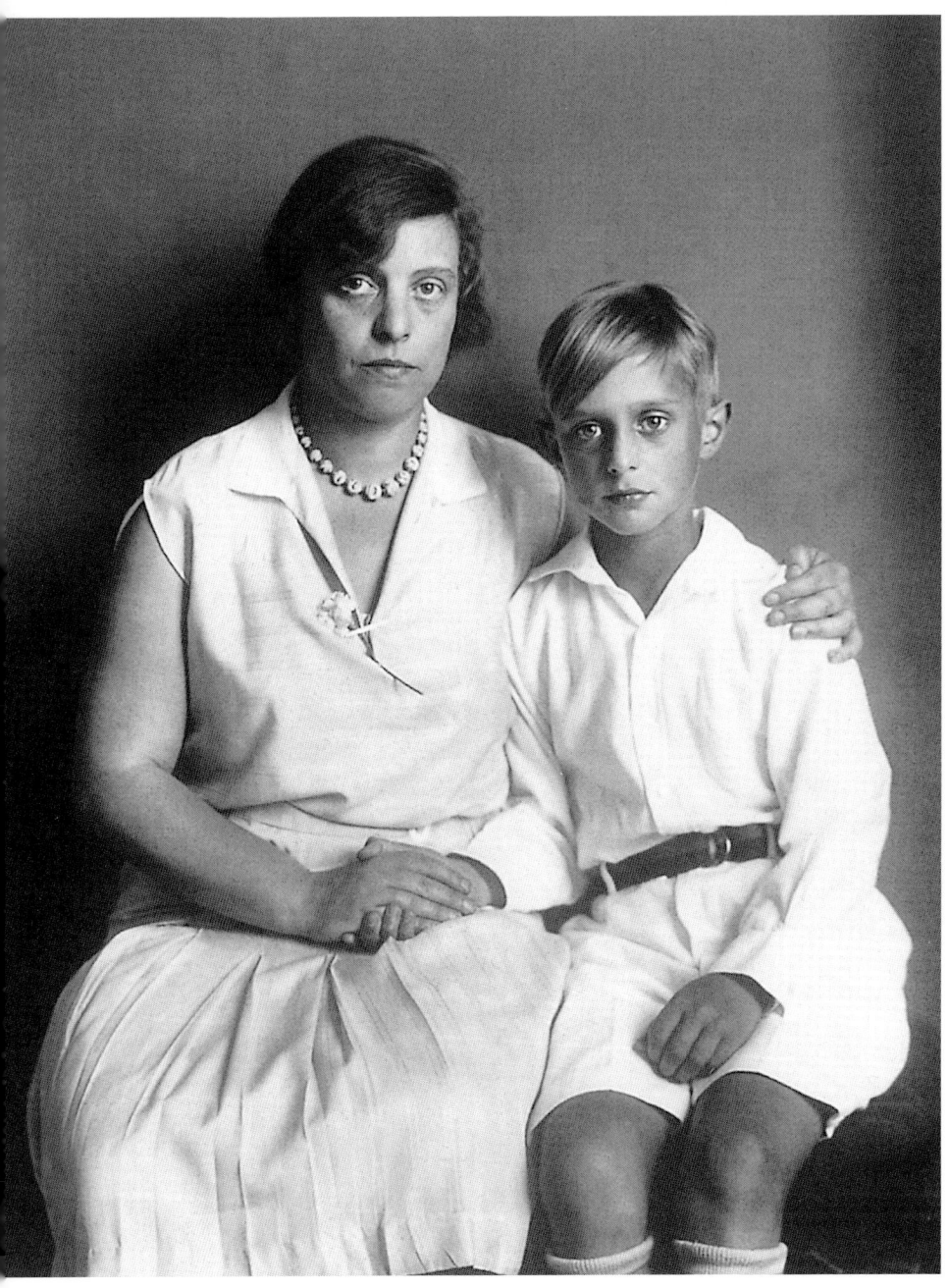

August Sander: Mutter und Sohn
(Luise Straus und Jimmy Ernst)
Köln 1928

Werner Spies

Luise Straus – eine Nomadin wider Willen

Luise Straus war eine ungewöhnliche Persönlichkeit, eine Intellektuelle, die in den Jahren, da sie in Deutschland tätig sein konnte, mit ihrer Neugierde und ihrer Kenntnis Großes bewirkt hat. Vorübergehend war die junge Frau sogar kommissarische Leiterin des Kölner Wallraf-Richartz-Museums. Damals, 1917, tat sie sich mit der Organisation einer entscheidenden Ausstellung mit dem Titel »Kriegsdarstellungen in der Graphik« hervor. Das Thema bedeutete seinerzeit höchste Aktualität, es verwies auf das, was dann Dada in Köln in den Vordergrund stellen sollte: den Quantensprung aus bürgerlicher Ruhe zu einer atemlosen Beschäftigung mit Zerstörung und Tod.

Hier begann der Kampf gegen Verdrängung von Geschichte und Horror, der ihr ganzes Leben bestimmen sollte. Nichts bot sich für Max Ernst, Johannes Theodor Baargeld, Hans Arp und eben auch Luise Straus vehementer als neue und adäquate Technik für diese Inhalte an, als die der Collage, die nach Schere und Messer greift. Als Mitglied der Gruppe Dada-Köln erhielt sie den Namen Armada von Duldgedalzen. Und es gibt Arbeiten, die sie zusammen mit Max Ernst, ihrem Ehemann seit 1918, geschaffen hat. Ihre Aufsätze und Texte sind bemerkenswert: kritisch und unbestechlich. Immer wurde dabei der Rückblick in die Geschichte mit der Jetztzeit, mit der künstlerischen Aktualität verbunden.

Dies geschah nicht zuletzt in dem Aufsatz »Albrecht Dürer und die neue Kunst«, der 1917 im »Kölner Tageblatt« erschien und der Dürer mit dem Kubismus zu verbinden suchte. Der Aufsatz begründet die Notwendigkeit eines konstruktivistisch-mathematischen Vorgehens: »Das Problem, das als eines der wichtigsten Dürer sein ganzes Leben lang nicht loslässt, ist das Mathematische. Es fixiert den tausendfachen Wirbel des Lebens im Einzigen, was Bestand hat: der abstrakt geometrischen Form.« Wir sind versucht, diese Aussage mit der geometrisierenden Grundform der frühen Reliefs von Max Ernst in Beziehung zu setzen, beschränkten sich seine Werke in der ersten Dada-Ausstellung im Kölnischen Kunstverein doch auf Motive aus dem Umkreis des Maschinenbaus und der technischen Illustration. Dazu passt ein Zitat aus dem erwähnten Aufsatz: »Die neue Kunst muss sich noch oft genug den Vorwurf gefallen lassen, einer stereometrischen Darstellung mehr als einem Kunstwerk zu gleichen.«

Die Entfremdung von dem Künstler, der aus dem Krieg kam

Eine Jugendfreundin, Gertrud Simsa, erinnert sich an die Mitstudentin: »Luise Straus war sehr beliebt und wusste imponierend viel, verstand ihre Antworten auch sehr gut zu formulieren, was allgemein anerkannt wurde.« Luise Straus hatte aber alles andere als ein leichtes Leben. Die Trennung von Max Ernst und die Scheidung im Jahr 1926 trafen sie schwer. Sie musste den gemeinsamen Sohn Jimmy allein aufziehen. Auf den Bruch, der sich anbahnte, bezieht sich eine Stelle in ihren Lebenserinnerungen (in denen Max Ernst als »Martin« firmiert). Aus ihr spricht die Angst vor dem Ende der »unbeschwerten Heiterkeit«: »Martin war in den vier Jahren an der Westfront ein Mann geworden, der wenig sprach, sich sehr in sich selbst zurückzog und dessen schöne, blaue Augen sehr hart blicken konnten.«

Das Foto der offensichtlich unabhängigen Frau mit dem halbwüchsigen Jimmy, das der große Fotograf und Menschenerkunder August Sander Ende der zwanziger Jahre festhielt, berichtet von Einsamkeit und einer dem Sohn zugewandten Zärtlichkeit. Der Titel »Nomadengut«, unter dem Luise Straus ihre Aufzeichnungen bewahrte, spricht auf dramatische Weise aus, was sie erwartete: das angsterfüllte, gehetzte Leben aus dem Koffer, das für Luise Straus 1933 begann und im Vernichtungslager endete.

Max Ernst war Zeit seines Lebens bedrückt, dass er sie nicht hatte retten können. Alle Versuche, ihr ein Einreisevisum in die Vereinigten Staaten zu besorgen, waren vergebens geblieben. Die Präsidentengattin Eleanor Roosevelt tat nicht den notwendigen Schritt. Auch der große Schriftsteller Jean Giono, bei dem sie in Manosque Unterschlupf gefunden hatte, vermochte nicht, ihr zu helfen. Ein Freund der letzten Jahre von Luise Straus, Fritz Neugass, der in der Nachkriegszeit für die »Frankfurter Allgemeine Zeitung« aus New York berichtete, erzählte mir von seinem Leben mit dieser wunderbaren, fordernden Intellektuellen. Offensichtlich war sie in ihrem Kampf um Menschlichkeit und in der Hoffnung auf Vernunft nicht zu entmutigen gewesen.

Der Nachlass von Neugass, dem es gelungen war, rechtzeitig in die Vereinigten Staaten zu fliehen, enthält Briefe von Luise Straus, die in den Jahren 1941 und 1942 nach New York verschickt wurden. Während der Zeit, die sie vor dem Einmarsch der deutschen Besatzungstruppen in Frankreich zubrachte, schrieb sie, zum Teil unter verschiedenen Pseudonymen, Texte für die deutschsprachige »Pariser Tageszeitung«, die mit gespielter Sorglosigkeit die Angst zurückdrängten. Anfangs wandte sie sich vermischten Themen wie »Réveillon, Sylvester am Heiligabend« oder politisch-soziologischen Überlegungen wie »Weibliche Jugend in Frankreich« zu. In diesem Text monierte sie, dass die französische Jugend nicht so politisch eingestellt sei wie in anderen Ländern.

In den späten dreißiger Jahren ändert sich der Ton ihrer Schriften. Titel wie »Skandal um ein Skelett« oder »Die Menschenfresserin« verweisen auf Abgründiges. Es ist einleuchtend: Nicht allein als Gemahlin von Max Ernst hat uns Luise Straus zu interessieren. Sie hat ihren eigenen Platz, und dies nicht nur im Entstehen der Dada-Bewegung. Luise Straus gehörte auch zu den ersten Frauen, die sich von Familie und Zeit emanzipierten, sie war ein Urbild der Garçonne. Als erste Frau promovierte sie 1917 an der Universität Bonn in Kunstgeschichte. In ihrem eindrucksvollen nachgelassenen Erinnerungsbuch, das Ulrich Krempel 1999 in Hannover herausgegeben hat, finden wir Informationen, Reflexionen und sensible, immer wieder schmerzende Beschreibungen von Erlebnissen und Stimmungen.

Und es ist zugleich ein Buch großer Noblesse. Es gibt so viele Stellen, die von der unstillbaren Liebe zu Max Ernst und zu ihrem Sohn Jimmy sprechen. Luise Straus und Max Ernst, die eine wechselseitige Leidenschaft 1912 zusammenführte, studierten damals beide in Bonn. Jimmy Ernst schildert in dem wunderbaren Buch »Nicht gerade ein Stilleben«, wie sich seine Eltern kennengelernt haben. Was er notiert, geht gleichermaßen auf Erzählungen von Luise Straus und Max Ernst zurück. Es ist anrührend zu lesen, wie Jimmy seine Eltern, die er nur für kurze Zeit in Harmonie erleben durfte, auf zärtlich-traurige Weise beschreibt. So vieles wollte man aus diesem brillant formulierten Buch zitieren: »Als Teilnehmer eines wöchentlichen Pflichtkurses im Modellzeichnen pflegte Max sich neben sie zu setzen und, da sie fürs Zeichnen völlig unbegabt war, verstohlen ihr Blatt zu nehmen und in wenigen Minuten ihren Entwurf zu vervollkommnen. Dafür fühlte sich Luise Straus verpflichtet, diesem hübschen, blauäugigen Freund zu gestatten, sie nach diesen wöchentlichen Stunden bis an die Tür ihres Studentenheims zu begleiten.«

Nach dem Ersten Weltkrieg wird das Paar zum Zentrum eines Kreises von Intellektuellen, die sich gegen den Zeitgeist wehren. Ihre feine Adresse – nicht von ungefähr schreibt Luise Straus von der Wohnung »im Obergeschoss eines viel zu vornehmen Hauses an der Ringstraße in Köln« – lädt dazu ein. Das Appartement wird zu einer Stätte der Begegnung. Hören wir dazu Luise Straus selbst: »Die günstige Lage unserer Wohnung, vermutlich auch unsere Personen hatten uns ganz von selbst zum Mittelpunkt dieses Kreises junger Künstler und Kunstfreunde gemacht, die nun in endlosen Gesprächen eine neue Welt aufzubauen dachten, dabei zahllose Cigaretten rauchten und unentwegt Tee tranken. Ein Glück, dass wir 24 Tassen hatten. Sie waren alle ständig ›in Betrieb‹.«

Über das Arrangement der Wohnung, die die Familie Ernst bezogen hatte, erteilt uns ein Augenzeuge folgende Auskunft: »Primitive, bunt bemalte zusammengenagelte und geleimte Figurinen schon im Treppenhaus. Es roch nach Leim und Leimfarbe. Das Atelier, ein Raum etwa 4 × 4 m, Fenster zum Ring, Arbeitstisch davor. Links großer bemalter Holzschrank. Max

164

Ernst erwartete eine Abordnung der Gewerkschaft. Diese Leute waren konsterniert vom Anblick der Holzgötzen, und ich begriff nicht die Selbstsicherheit, mit welcher der Maler über die Abgründe hinweg mit ihnen ein ernstes Männergespräch führen konnte. Nebenan ging es in ein kleines, altmodisches Mahagoni-Wohnzimmer. Auf dem Sofa saß Luise Straus und säugte Jimmy.«

Die entscheidende Rolle einer Frau für die moderne Kunst

Wie Max Ernst berichtete, verfertigte er mehr als ein Dutzend solcher Montagen aus Holz. Zeitweise hätten diese alle in der Wohnung und im Treppenhaus herumgestanden. In der Kölner Akkumulation, deren Horror Vacui sich noch am ehesten mit Schwitters' »Merzbau« vergleichen lässt, empfing er auch Gala und Paul Éluard oder Tristan Tzara. Sie alle reisten an, um den Kölner Dadaisten kennenzulernen. Eine zeitgenössische Fotografie vermittelt eine Vorstellung von diesem Ambiente. Wir sehen hinter Luise Straus, Max Ernst, Jimmy Ernst, Gala und Paul Éluard die große Assemblage »ein lustgreis vor gewehr schützt die museale frühlingstoilette vor dadaistischen eingriffen (l' état c'est MOI!)«.

Diese Objekte gewannen dank der Kenntnis der Operationen von Marcel Duchamp rasch Aura und intellektuelle Perspektive. Auch dabei spielte Luise Straus eine entscheidende Rolle. Die Besprechung, die sie zu Beginn des Jahres 1920 in der Zeitschrift »Kunstchronik und Kunstmarkt« veröffentlichte, liefert dazu einen wertvollen frühen Kommentar. Sie erwähnt in ihrem Text nicht nur einzelne Exponate, sondern sie zitiert die Absicht der Beteiligten, in der musealen Präsentation Demonstrationsapparate und Kunstwerke »gleichzusetzen«: »In einem besonderen Raum zeigten die Kölner Künstler Baargeld, Max Ernst, Heinrich und Angelika Hoerle, Anton Räderscheidt, von den übrigen abgetrennt, ihre Arbeiten (Gemälde, Reliefs, Plastiken) gemeinsam mit Zeichnungen von Kindern unserer Zeit, einzelnen Werken von Hans Arp, Bolz, Juan Gris, Léger und Demonstrationsapparaten optischer Vorgänge, die von den Künstlern in die Ausstellung hineingestellt waren, weil sie ›wegen ihrer enormen plastischen Werte und als reine Manifestationen menschlichen Geistes‹ den Kunstwerken gleichzusetzen seien.«

Ich hatte das Glück, Jimmy Ernst gut zu kennen. Es waren wunderbare Begegnungen bei ihm zu Hause und in Paris, bei Max Ernst, mit Max Ernst. Ich habe seinen Sohn in dem furchtbaren Moment in die Arme schließen können, als man ihm in der Fondation Maeght das Manuskript von »Nomadengut« übergab. In dem Heft lag ein Zettel mit der schlimmen Botschaft, dem Vermerk des Todestages seiner Mutter.

Jürgen Wilhelm

Luise Straus-Ernst – eine deutsche Jüdin in Köln und Paris

»Schreiben – Beobachten – das ist für mich anscheinend von jeher eine Lebensfunktion gewesen wie Atmen – Essen – Schlafen.«

Luise Straus, *Nomadengut*

Leben und Werk der 1893 in Köln geborenen Luise Straus standen bislang nur selten im Mittelpunkt des kulturhistorischen Interesses. Oft galt die Aufmerksamkeit vor allem der Rolle, die sie in den Anfängen der künstlerischen Karriere von Max Ernst gespielt hat. Dabei ist die Lebensgeschichte von Luise Straus, die ihrem eigenen Nachnamen später den ihres Mannes hinzufügen sollte, eine der erstaunlichsten, die sich Anfang des 20. Jahrhunderts für eine Kölnerin finden lässt. Wir kennen sie vor allem aufgrund ihrer Autobiografie, die sie im Exil, wohl vorwiegend ab 1942, schrieb. Das Manuskript gelangte durch eine Schweizer Freundin, die sich vor den Nazis hatte retten können, in die Hände von Jimmy Ernst, dem einzigen gemeinsamen Kind von Luise Straus und Max Ernst. Dieses Buch mit dem vielsagenden Titel »Nomadengut« ist ein zeithistorisches Dokument allererster Ordnung. Es ermöglicht uns nicht zuletzt, authentische Einblicke in eine individuelle Existenz zu gewinnen, während Millionen vergleichbarer Lebensläufe durch den Holocaust unserem historischen Gedächtnis spurlos verloren gingen. So ist es nicht nur eine überfällige Aufgabe für die Max-Ernst-Forschung, sondern eine Aufforderung an uns Nachgeborene, dem Leben dieser Kölnerin nachzugehen. Es ist ein sehr eigenständiges und durch intellektuelle Neugier geprägtes Leben, dem wir begegnen, und es evoziert Parallelen zu anderen berühmten Exilanten, nicht zuletzt aus dem Rheinland. Wir werden die verblüffende Geistesverwandtschaft von Luise Straus vor allem zu Heinrich Heine, die sich in ihren feuilletonistischen Äußerungen aus Frankreich artikuliert, noch näher beleuchten. Widmen wir uns zunächst jedoch dem eigentlich Biografischen.

Als jüngstes Kind des jüdischen Fabrikanten Jacob Straus und seiner Frau Charlotte, geb. Meyer, wuchs Luise Straus nach einer materiell sorglosen Kindheit zu Beginn des 20. Jahrhunderts in eine Zeit hinein, deren latenter Antisemitismus sich innerhalb weniger Jahrzehnte – trotz gleichzeitiger maximaler Emanzipation der Juden in Deutschland – zur Menschheitskatastrophe entwickeln sollte. Sie konnte als Tochter aus begütertem und, wie bei fast allen gesellschaftlich erfolgreichen jüdischen Bürgern, aufgeklärtem Haus ein Studium der Kunstgeschichte, Archäologie und Geschichte an der Bonner Universität beginnen: keine Selbstverständlichkeit für junge Frauen zu dieser Zeit. Während des Studiums lernte sie 1913 Max Ernst kennen, der ihr in einem Zeichenkurs bei der Anfertigung von Skizzen half.

Sie begeisterte sich, neben ihrem Interesse an historischer Kunst und Kultur, auch für aktuelle Kunst. Als erste bedeutende Publikation der engagierten Feuilletonistin darf ein Beitrag über »Albrecht Dürer und die neue Kunst« in der literarischen Beilage des »Kölner Tageblatts« vom Februar 1917 gelten: eine mutige Spekulation, in der sie nach eigenem Bekunden »versuchte, den guten Dürer, der sich nicht wehren konnte, als unbewussten Vorgänger und Kronzeugen des Kubismus hinzustellen«. Die Idee dazu besprach sie mit Max Ernst, arbeitete das Thema jedoch alleine aus, während der Künstler an der Front stand. Dieser Einsatz für die zeitgenössische Kunst – man bedenke: zur reaktionären Kaiserzeit und mitten im Ersten Weltkrieg! – ist bemerkenswert, denn der deutsche Meinungsmainstream verharrte in der figurativen Kunstauffassung des 19. Jahrhunderts; und so war es auch kein Zufall, dass die Literaturbeilage wegen ihres wenig bürgerlichen Kulturbegriffs bald wieder eingestellt wurde. Lediglich die aufgeklärten – zumeist jüdischen – Bürger in Deutschland bekannten sich offen zu den Impressionisten sowie zu den französischen und spanischen Kubisten.

Man kann diese Haltung leicht an den damaligen Mitgliederverzeichnissen der Fördervereinigungen großer Kunstmuseen, insbesondere in Berlin, ablesen.

Nach einigen Semestern in Berlin zog es Luise Straus zurück an den Rhein. Ihre Verbindung zu Max Ernst wurde von beiden Eltern, den konservativ-bürgerlich-christlichen aus Brühl ebenso wie den konservativ-bürgerlich-jüdischen aus Köln, erwartungsgemäß mit großer Skepsis betrachtet. Hatte man doch von beiden Seiten »eine gute Partie« im Auge, die sich mit dem arbeitslosen Künstler und »wildfremden« Mann – so die Diktion der Familie Straus – und der wissenschaftlichen Angestellten offenbar nicht anzubahnen schien, von der Unterschiedlichkeit des religiösen Bekenntnisses einmal ganz abgesehen. Als Max vor dem Hintergrund einer vermuteten unehelichen Schwangerschaft von Luise, die im Hause Straus zu erregten Debatten führte, entgegen der elterlichen Erwartung für nur einen Tag aus dem Krieg nach Köln kam, um sich ihren Eltern zu stellen, empfing man ihn dort immerhin – so Luise – »mit resignierter Freundlichkeit«. Sie selbst konnte sich in den Augen ihrer Familie erst durch ihre Doktorprüfung rehabilitieren; 1916 wurde sie von dem berühmten Paul Clemen mit einer Arbeit »Zur Entwicklung des zeichnerischen Stils in der Cölner Goldschmiedekunst des XII. Jahrhunderts« promoviert. Als das junge Paar dann im Oktober 1918 – kurz nach der Rückkehr von Max Ernst aus dem Ersten Weltkrieg, wo er vier Jahre lang Dienst getan hatte – in Köln heiratete, geschah dies offenbar ohne allzu großen Widerstand der Eltern. Die beiden bezogen eine Wohnung am Kaiser-Wilhelm-Ring 14.

Von Anfang an unterstützte Luise Straus die nach dem Ersten Weltkrieg einsetzenden Dada-Aktivitäten ihres Mannes und seiner Künstlerfreunde aus Deutschland und der Schweiz. Sie tat dies vor allem durch Besprechungen in Kunstzeitschriften und organisatorische Tätigkeiten, die nicht zuletzt aufgrund ihrer Verbindungen zur Kölner Kulturszene und auch zu den vielen Zeitungen, die es damals in der Stadt gab, recht erfolgreich gelangen. Wie sehr ihr fachliches Knowhow und ihre häusliche Gastfreundschaft zur Entwicklung der Dadaisten zu einem historisch bedeutenden Teil der Kölner

Kunstwelt beigetragen haben, lässt sich im Einzelnen kaum rekonstruieren. Überliefert ist jedoch der grundsätzlich positive Einfluss von Luise Straus, die sich als Förderin dieser äußerst kontroversen künstlerischen und kulturpolitischen Bewegung sah. Als beispielhaft für ihre intellektuelle Unabhängigkeit und ihre Bereitschaft, ihren ästhetischen Überzeugungen notfalls auch förderliche gesellschaftliche Kontakte zu opfern, mag eine Ausstellungsbesprechung aus dem Jahr 1920 in der Zeitschrift »Kunstchronik und Kunstmarkt« gelten. Der neue Direktor des Kölner Wallraf-Richartz-Museums, an welchem Luise Straus selbst bis 1919 als kommissarische Leiterin tätig gewesen war, hatte in einer Jurysitzung gegen die Teilnahme der Dadaisten Johannes Theodor Baargeld und Max Ernst an der Frühjahrsausstellung im Kölner Kunstgewerbemuseum votiert. Daraufhin konterte Luise Straus in ihrem Artikel mutig, es bleibe »abzuwarten, wie nun Prof. Schäfer sich zu der Kunst anstellt, die für heute von der gleichen Bedeutung ist wie Kokoschka um 1912«.

Für das nach positiven Werten suchende Bürgertum der Nachkriegszeit hingegen, das mit seinen persönlichen und politischen Depressionen zurechtkommen musste, war Dada eine absolute Provokation. Und genau das sollte es auch sein: »Dada«, formulierte Max Ernst, »war eine Bombe. Dada war das Resultat von intellektuellem und materiellem Hunger. Dada war eine Explosion, es war eine Katastrophe, es war eine Sabotage an der bürgerlichen Gesellschaft, es war ein Generalstreik der Intellektuellen.« Dass die junge promovierte Kunsthistorikerin Luise Straus eine solche Bewegung unterstützte, kann nicht zuletzt als ein Ergebnis ihrer an humanitären Idealen ausgerichteten jüdischen Erziehung angesehen werden. Die Juden Deutschlands erhofften sich – ebenso wie viele ihrer intellektuellen Glaubensbrüder in Russland und Frankreich – von allen Bewegungen, die das etablierte System infrage stellten, ein Fortschreiten ihrer Emanzipation. Dies galt für die politische Grundlagenarbeit im 19. Jahrhundert ebenso wie für die darauffolgenden Umwälzungen in Europa, etwa die Oktoberrevolution, von der sie sich ein Ende der in Russland ausgeprägten Pogrome versprachen. Erst recht unterstützten sie kulturelle Entwicklungen, die den »Mief aus tausend Jahren« der bürgerlichen und stets latent antisemitischen Gesellschaft hinwegzublasen versprachen.

In all diesen Entwicklungen, die durch das Ende des Feudalismus nach 1918 und die darauffolgenden revolutionären Veränderungen in Deutschland und ganz Kontinentaleuropa einen enormen Schub erhielten, waren Vertreter des deutschen Judentums überproportional engagiert vertreten. Man kann sagen, dass die Modernisierungsschübe unserer Gesellschaftsordnungen nach Napoleon zu einem erheblichen Teil dem Einfluss jüdischer Intellektueller, Politiker, Wissenschaftler und Künstler zu verdanken sind. Man denke nur an die vier vielleicht einflussreichsten Figuren der Weltgeschichte seit dem 19. Jahrhundert, von denen – mit Ausnahme des Engländers Charles Darwin – drei deutschsprachige Juden waren: Karl Marx, Sigmund Freud und Albert Einstein. Dieser allgemeinen Einschätzung entspricht Luise Straus' eigene Schilderung ihres Bonner Urgroßvaters, der sich, wie sie schrieb, nie für das Tuchgeschäft interessierte und dieses seiner Frau überließ. Er war vielmehr ein Freund Gottfried Kinkels, des Bonner Theologen, Republikaners und »Märtyrers der Revolution«, der nach seiner von Carl Schurz im Jahr 1850 erfolgreich durchgeführten Befreiung aus dem Spandauer Gefängnis einer der berühmtesten Männer seiner Zeit wurde. Auch hegte er, wie Luise Straus bemerkte, Sympathien für die Revolution von 1848 und las Voltaire. Vor diesem geistigen Hintergrund, der weite Teile des jüdischen Großbürgertums prägte und die damalige Kulturszene maßgeblich beeinflusste, ist Luise Straus' Engagement für eine so revolutionäre künstlerische Bewegung wie den Dadaismus wenig verwunderlich.

In der dadaistischen Poesie und auf einer Collage von Max Ernst aus dem Jahr 1920 figuriert sie als »Armada von Duldgedalzen« und, in Anspielung auf die berühmte französische Tiermalerin des 19. Jahrhunderts, als »Rosa Bonheur von Dada«. Wir kennen einige ihrer Zeitungsartikel, in denen sie vehement für die junge, alternative Kunstszene Stellung bezog. Für diese kompetenten Beobachtungen und Kommentare war sie durch ihre Ausbildung legitimiert; auch werden die Kontakte der jungen Kunsthistorikerin für die Publikationen nützlich gewesen sein. Die Museen und andere etablierte Institutionen hingegen verschlossen sich den Dada-Aktionen vollständig, weil sie sie nicht als präsentable Kunstäußerungen ansahen und sicher auch deren politischen Impetus nicht teilten.

Nach allem, was wir aus der Autobiografie von Luise Straus wissen, wurde der unkonventionelle Haushalt von Max Ernst und seiner Frau Luise in der Kölner Innenstadt zu einem Treffpunkt der künstlerischen Avantgarde um Tristan Tzara, Hans Arp, André Breton und das Ehepaar Paul und Gala Éluard, die dort über künstlerische Aktionen sowie die politischen Entwicklungen in Deutschland und Frankreich diskutierten und über ihre weiteren Schritte entschieden. Gala Éluard sollte bekanntlich auch zum späteren Auslöser für Max Ernsts Trennung von Luise Straus werden, die 1926 mit der Scheidung besiegelt wurde – eine einschneidende Erfahrung, die sie in ihren Memoiren ebenso wie in ihren feuilletonistisch-literarischen Texten reflektierte. Angesichts ihrer ebenso ökonomisch wie gesellschaftlich unbequemen Lage als alleinerziehende Mutter – unterstützt von ihrer Haushälterin Maja Aretz – hätte man vermuten und auch durchaus nachvollziehen können, wenn sie sich in der Rolle der verlassenen Frau eingerichtet hätte. Tatsächlich spricht sie jedoch in »Nomadengut« – wenn auch mit großem zeitlichem Abstand – von der souveränen Neuordnung ihres Lebens, ohne die damalige existenzielle Krise kleinzureden: »Ich hatte mich durch die Heirat mit Martin [d.i. Max Ernst] selbst in diese schwierige Lage gebracht. So wollte ich mich auch selbst wieder herausarbeiten.«

Nach einer Übergangszeit mit verschiedenen Bürotätigkeiten, Museumskursen und Ausstellungsführungen etablierte sie sich Mitte der zwanziger Jahre als eine gefragte Journalistin, arbeitete für mehrere kölnische Zeitungen und fungierte als rheinländische Korrespondentin für die »Dresdner Neuesten Nachrichten« und die berühmte Berliner »Vossische Zeitung«, bei der damals auch Kurt Tucholsky tätig war. Der »Verein auswärtiger Presse« nahm sie 1927 als Mitglied auf; auch für den Rundfunk in Köln arbeitete sie als freie Mitarbeiterin.

Bald schon ging in Deutschland das Gespenst des Nationalsozialismus um, das für Luise Straus 1933 zur unmittelbaren Lebensbedrohung wurde.

Deshalb ging sie, von Freunden zu diesem Schritt ermutigt, Ende Mai 1933 ins französische Exil, wo sie sich zunächst in Paris eine neue Existenz als Korrespondentin aufbaute. Auch ihr berühmter Landsmann Heinrich Heine, den es gut hundert Jahre zuvor ebenfalls aus politischen Gründen aus der preußischen Provinz nach Paris verschlagen hatte, hatte sich als Dichter und Schriftsteller der ihm zunächst fremden politischen Korrespondenz in Zeitungsbeiträgen gewidmet und die heute noch aktuelle Funktion des engagierten Publizisten begründet, der Tatsachenmeldungen politisch oder kulturell einordnet und sie zugleich kommentierend dem Publikum anbietet. Heines Tätigkeit machte ihn zeitweilig zum bestbezahlten deutschen Journalisten in Paris. Sein politisches Credo hat er einmal so zusammengefasst: »Wenn wir es dahin bringen, dass die große Menge die Gegenwart versteht, so lassen die Völker sich nicht mehr von den Lohnschreibern der Aristokratie zu Hass und Krieg verhetzen … Dieser Wirksamkeit bleibt mein Leben gewidmet, es ist mein Amt.«

Für Luise Straus war Heines Art der feuilletonistischen Berichterstattung mit ihrem aufklärerischen Engagement wegweisend, wenngleich die gesellschaftspolitischen Bezüge bei ihr weniger explizit im Vordergrund standen. Zunächst erschien es ihr naheliegend, auch in Paris weiterhin als Kunstkritikerin zu arbeiten. Über die »lächerlich niedrigen Honorare« jedoch, die in der französischen Hauptstadt für Besprechungen gezahlt wurden, wunderte sie sich, bis man ihr freundlich erklärte, dass Rezensenten dort nicht von den Redaktionen, sondern in erster Linie von den Künstlern oder den Galerien bezahlt wurden – eine der kritischen Debatte nicht gerade förderliche Praxis, die sie nach eigenem Bekunden nicht kannte und mit der sie sich »möglichst nicht befreunden wollte«. In ihrem ersten Pariser Sommer entstand ein Artikel über »Jüdische Kunsthistoriker und Kunstkritiker in Deutschland« für eine renommierte Monatsschrift, in dem sie anderen im Exil lebenden oder in Deutschland zum Schweigen verurteilten Kollegen ein Denkmal setzte.

Allmählich erweiterte sie ihr Repertoire als Autorin, da es für fachliche Texte über Kunst nur eine begrenzte Nachfrage gab. So verfasste sie zahlreiche feuilletonistische Berichte – etwa über einen Atelierbesuch bei dem legendären Architekten Le Corbusier – und kurze Erzählungen für mehrere internationale Zeitungen in deutscher Sprache wie das »Pariser Tageblatt« und die »Pariser Tageszeitung«, die »Neue Zürcher Zeitung« und die ebenfalls in Zürich erscheinende »Weltwoche«.

Ein wiederkehrendes Thema ihrer häufig parabelartigen Geschichten ist der Gegensatz zwischen einer glamourösen Luxuswelt und der nüchternen, oft von Armut geprägten Lebenswirklichkeit vieler Zeitgenossen, vor allem der aus Nazideutschland geflüchteten Migranten, die in Paris unter bescheidensten Umständen ihr Dasein fristeten. Ihre »zeitliche Signatur«, mit der sie zu entdecken versuchte, wie die faszinierende Weltstadt in einer von zunehmender Spannung bestimmten politischen Lage funktionierte, war ihr Blick für das Alltägliche, die Beschreibung des exemplarischen Einzelschicksals. In einem lässig-beiläufigen Boulevardstil berichtete sie über die Geldnöte von Emigranten, über gesellschaftliche Außenseiter und die Erfahrung von Fremdenfeindlichkeit, aber auch über den »aufrechten Gang« und die Möglichkeiten, sich Akten von Willkür auf intelligente und elegante Weise zu widersetzen. Aus der Sicht einer selbstständigen und emanzipierten Frau reflektierte sie in literarischen Texten wie der autobiografisch gefärbten »Begegnung in Cagnes« immer wieder auch das Verhältnis der Geschlechter. Im Medium der pointierten literarischen Erzählung kam sie der tatsächlichen Situation womöglich ebenso nahe wie in einer sachlichen politischen Analyse, derer sie, wie ihre Autobiografie belegt, ohne jeden Zweifel fähig war. So bleiben ihre Veröffentlichungen jener Jahre ein bis heute relevanter Spiegel der Zeit.

Luise Straus konnte den deutschen Verfolgern während der Kriegsjahre in Frankreich nicht entgehen, obwohl es vielfache Versuche gab, sie zu retten. Sie wurde nach Auschwitz deportiert und dort ermordet. Neben ihrer Autobiografie sollen Luise Straus' hier wieder abgedruckte Artikel aus der Zeit des Exils dazu beitragen, die Erinnerung an eine wichtige Persönlichkeit der deutschen Kulturgeschichte lebendig zu halten.

Quellennachweis

Der Edition liegen die folgenden Zeitungsartikel zugrunde. Orthografie und Interpunktion wurden bis auf wenige, stillschweigend vorgenommene Änderungen beibehalten.

Luise Straus-Ernst, »Zwei Frauen blicken sich an«, in: Neue Zürcher Zeitung, 154. Jg., Nr. 655; Montag, 10. April 1933 (Abendausgabe), Blatt 9.

L. Straus-Ernst, »Bei Tatjana Barbakoff«, in: Die Weltwoche; Freitag, 25. Mai 1934.

L. Straus-Ernst, »Einsamer Tänzer«, in: Neue Zürcher Zeitung, 155. Jg., Nr. 1416; Dienstag, 7. August 1934 (Abendausgabe), Blatt 6.

Luise Strauß-Ernst, »Le Corbusier – hinter Klostermauern«, in: Neue Zürcher Zeitung, 156. Jg., Nr. 715; Mittwoch, 24. April 1935 (Abendausgabe), Blatt 5; Luise Strauss-Ernst, »Le Corbusier – Besuch bei dem großen Architekten«, in: Pariser Tageblatt, Nr. 526; Mittwoch, 22. Mai 1935, S. 4.

Luise Straus-Ernst, »Der König der Automaten«, in: Neue Zürcher Zeitung, 156. Jg., Nr. 932; Dienstag, 28. Mai 1935 (Abendausgabe), Blatt 6.

Louise Straus-Ernst, »Vergebliche Reise nach Colmar«, in: Neue Zürcher Zeitung, 156. Jg., Nr. 1647; Montag, 23. September 1935 (Abendausgabe), Blatt 7.

Louise Straus-Ernst, »Verhindertes Begräbnis«, in: Neue Zürcher Zeitung, 156. Jg., Nr. 2000; Sonntag, 17. November 1935 (Erste Sonntagsausgabe), Blatt 3.

Luise Strauß-Ernst, »›Die elegante Dame trägt ...‹«, in: Neue Zürcher Zeitung, 157. Jg., Nr. 18; Sonntag, 5. Januar 1936 (Sonntagsausgabe), Blatt 2; Luise Strauss-Ernst, »›Die elegante Dame trägt ...‹«, in: Pariser Tageblatt, Nr. 768, Sonntag, 19. Januar 1936, S. 4 und 6.

Luise Strauß-Ernst, »Das rückständige Krokodil«, in: Neue Zürcher Zeitung, 157. Jg., Nr. 62; Montag, 13. Januar 1936 (Morgenausgabe), Blatt 3.

Luise Straus-Ernst, »Fahrt in eine fremde Welt«, in: Neue Zürcher Zeitung, 157. Jg., Nr. 1050; Donnerstag, 18. Juni 1936 (Abendausgabe), Blatt 5, und 157. Jg., Nr. 1054; Freitag, 19. Juni 1936 (Morgenausgabe), Blatt 2; Ulla Bertram, »Fahrt in eine fremde Welt«, in: Pariser Tageszeitung, Nr. 470; Sonntag, 26. September 1937, S. 3-4.

Ulla Bertram, »Wallfahrt nach Tinos«, in: Pariser Tageszeitung, Nr. 73; Sonntag, 23. August 1936, S. 3-4.

Luise Straus-Ernst, »Hotelzimmer mit Kino«, in: Neue Zürcher Zeitung, 157. Jg., Nr. 1722; Mittwoch, 7. Oktober 1936 (Abendausgabe), Blatt 8.

Ulla Bertram, »Gaby wünscht sich eine Boa«, in: Pariser Tageszeitung, Nr. 241; Sonntag, 7. Februar 1937, S. 3-4; Luise Straus-Ernst, »Gaby wünscht sich eine Boa«, in: Neue Zürcher Zeitung, 158. Jg., Nr. 364; Montag, 1. März 1937 (Abendausgabe), Blatt 8.

Ulla Bertram, »Die Menschenfresserin«, in: Pariser Tageszeitung, Nr. 311; Sonntag, 18. April 1937, S. 3-4; Luise Straus-Ernst, »Die Menschenfresserin«, in: Neue Zürcher Zeitung, 159. Jg., Nr. 1248; Dienstag, 12. Juli 1938 (Abendausgabe), Blatt 5.

Louise Straus-Ernst, »Skandal um ein Skelett«, in: Neue Zürcher Zeitung, 159. Jg., Nr. 550; Montag, 28. März 1938 (Morgenausgabe), Blatt 2, und 159. Jg., Nr. 554; Montag, 28. März 1938 (Mittagsausgabe), Blatt 6; Louise Straus-Ernst, »Skandal um ein Skelett«, in: Pariser Tageszeitung, Nr. 847; Sonntag/Montag, 20./21. November 1938, S. 3-4.

Louise Straus-Ernst, »Die Sensation von Palm Beach«, in: Neue Zürcher Zeitung, 159. Jg., Nr. 1859; Sonntag, 23. Oktober 1938 (Erste Sonntagsausgabe), Blatt 2.

Louise Straus-Ernst, »Vierzig Orchideen«, in: Neue Zürcher Zeitung, 159. Jg., Nr. 2310; Sonntag, 25. Dezember 1938.

Louise Straus-Ernst, »Pierre Victor Baron v. Besenval. Ein Schweizer Edelmann im Faubourg Saint-Germain«, in: Neue Zürcher Zeitung, 160. Jg., Nr. 202, 207; Donnerstag, 2. Februar 1939, Blatt 1 (Morgenausgabe) und Blatt 6 (Abendausgabe).

Louise Straus-Ernst, »Der Geburtstag«, in: Neue Zürcher Zeitung, 160. Jg., Nr. 342; Freitag, 24. Februar 1939 (Morgenausgabe), Blatt 3.

Louise Straus-Ernst, »Wenn der Osterhase streikt«, in: Neue Zürcher Zeitung, 160. Jg., Nr. 625; Samstag, 8. April 1939 (Morgenausgabe), Blatt 3.

Louise Straus-Ernst, »Frühlingstraum 1939«, in: Neue Zürcher Zeitung, 160. Jg., Nr. 918; Mittwoch, 22. Mai 1939 (Mittagsausgabe), Blatt 6.

Louise Straus-Ernst, »Begegnung in Cagnes«, in: Neue Zürcher Zeitung, 160. Jg., Nr. 1319; Mittwoch, 19. Juli 1939 (Abendausgabe), Blatt 7.

Louise Straus-Ernst, »Penelope 1939«, in: Neue Zürcher Zeitung, 160. Jg., Nr. 2100; Montag, 11. Dezember 1939 (Abendausgabe), Blatt 7.

Louise Straus-Ernst, »Zweimal Tanja«, in: Neue Zürcher Zeitung, 161. Jg., Nr. 1697; Donnerstag, 21. November 1940 (Abendausgabe), Blatt 6.

Louise Straus-Ernst, »Der Liebesbrief«, in: Neue Zürcher Zeitung, 162. Jg., Nr. 1145; Donnerstag, 24. Juli 1941, Blatt 2.

Bildnachweis